Fitzgerald Kusz
Derzähl mer nix!

Fitzgerald Kusz

Derzähl mer nix!

Gschichtler aus Franken

Ehrenwirth

CIP-Kurztitelaufnahme der Deutschen Bibliothek

Kusz, Fitzgerald:
Derzähl mer mix : Gschichtler aus Franken / Fitzgerald Kusz. – München: Ehrenwirth, 1983.
ISBN 3-431-02583-8

ISBN 3–431–02583–8

Umschlagfoto: Fitzgerald Kusz
Gesamtherstellung: Pera-Druck Gräfelfing
Printed in Germany 1983

Die in meinen fränkischen Geschichten auftretenden Personen sind frei erfunden, man kann sie aber immer noch an jeder Straßenecke treffen, wenn man nur seine Augen ein wenig aufmacht. Jede Ähnlichkeit mit tatsächlichen Ereignissen könnte nur auf Zufall beruhen. Manchmal wurde dem Zufall allerdings etwas nachgeholfen – um der Wahrheit willen. Aber was ist das schon, wenn man einmal beim Erzählen ist?

Für Birgit

Zahn um Zahn

Die Löbleins sind ein Ehepaar wie jedes andere auch. Es ist schon Jahre her, daß man die Silberhochzeit gefeiert hat. Ein paar Farbfotos künden davon, die im Familienalbum langsam an Farbe verlieren. Man lebt zusammen, weil man einmal geheiratet hat, aber zu sagen hat man sich längst nichts mehr. Der Unmut staut sich. Der Topf kocht über. Dann kommt es zu einem heftigen Streit, der Tage lang andauert.

Die Löbleins haben zwei Töchter, die in 25 Jahren genau die gleiche Art von Ehe führen werden. Aber keine von beiden kommt mehr vorbei. Die Löbleins kriegen überhaupt keinen Besuch mehr. Das wurmt sie, denn ohne Zuschauer macht der Ehekrieg nur halb so viel Spaß.

»Daß zu uns ka Mensch mehr kummt?« fragt Frau Löblein eines Abends, kurz vor der Tagesschau.

»Mir is des worscht, nou brachi aa zu kamm«, sagt Herr Löblein in der brummigen Art, die er sich im Umgang mit seiner Frau angewöhnt hat.

»Obber irgend enn Grund mou des doch hoom, daß kanner mehr zu uns kummt«, bohrt Frau Löblein weiter.

»Du willst wull dou dermiit soong, daß iich widder dou droo schuld bin, wos?« sagt Herr Löblein schon ein wenig unwirsch. Und damit ist das Gespräch beendet, denn Herr Köpcke erscheint auf der Bildfläche. Die Ehepartner schauen schweigend zu, wie Helmut Kohl die Front der Ehrenkompanie eines befreundeten Landes abschreitet. Man wartet noch die Wetterkarte ab, die wie immer aus Frankfurt kommt, dann schaltet Frau Löblein aufs ZDF um, was Herrn Löblein gar nicht paßt:

»Iich will den Bericht über die Spinner säing!«

»Seit wenn intressierst du diich für Viecher?«

»Scho immer.«

»Des is ja es Allerneiste. Däi Spinner werrn ned oogschaut. Iich will hait nacht ned dervoo traimer.«

Herr Löblein steht auf.

»Du willst wull scho widder fort?«

»Wemmer die Spinner oogschaut hättn, wäri derhammbliebm.«

Er geht in die Diele, zieht seine Schuhe an, schlüpft in sein Jackett und kommt wieder ins Wohnzimmer.

»Wou isn mei Autoschlüssel?«

»Soung nern halt. Des waaß doch iich ned, wou dei Zeich is.« Er macht sich auf die Suche. Es dauert gar nicht lange, und er kommt wieder.

»Stäih auf!«

»Iich stäih obber ned auf!«

»Du hockst bestimmt aff meim Autoschlüssel.«

Es kommt zu einem Handgemenge. Herr Löblein versucht seine Frau vom Sessel hochzureißen.

»Den findst du nie im Lehm, dein Autoschlüssel. Den houi versteckt.«

»Wos gäiht denn diich mei Autoschlüssel oo?«

»Du brauchst hait ohmd nimmer ins Wertshaus.«

»Suweit kummts nu. Iich kann ins Wertshaus gäih, wenn iich will.«

»Mitm Auto fährt mer ned ins Wirtshaus. Den Führerschein houi übrigens aa versteckt. Sicher is sicher.«

Herr Löblein verläßt wütend das Wohnzimmer. Er hört gerade noch mit einem halben Ohr, wie Hans Rosenthal »dalli-dalli« sagt.

Er geht ins Badezimmer. Sein Blick fällt auf das Gebiß seiner Frau, das in einem Glas mit Reinigungsflüssigkeit schwimmt.

Rache ist sein einziger Gedanke. Er nimmt das Gebiß und vergräbt es im Garten. Dann holt er sich eine Flasche

Wein aus dem Keller und geht damit ins Wohnzimmer. Ruhig und genüßlich macht er die Flasche auf, gießt sich ganz langsam ein Glas ein und kostet schmatzend den Wein. Er weiß genau, daß er seine Frau damit bis zur Weißglut reizen kann, aber sie schweigt beharrlich. Aus seinem Wirtshausbesuch ist nun doch nichts geworden, aber die Aussicht auf das, was noch kommen würde, erfüllt Herrn Löblein mit großem Behagen. Plötzlich gefällt ihm sogar Hans Rosenthal, den er sonst nicht ausstehen kann. Als die Sendung zuende ist, geht Frau Löblein ins Bad, um sich für die Nacht fertig zu machen. Herr Löblein lauscht an der Tür des Badezimmers. Endlich ist es soweit. Seine Frau kommt herausgestürmt:

»Wou isn mei Gebiß?«

»Des werst verschluckt hoom.«

»Iich will sofort mei Gebiß. Des is ka Gspaß mehr.«

»Erscht gräichi meine Autoschlüssel und mein Führerschein.«

»Naa, erscht willi mei Gebiß.«

»Autoschlüssel her!«

»Naa, erscht es Gebiß!«

»Werds bald!«

»Schlooch halt zou!«

Da rutscht Herrn Löblein die Hand aus. Seine Frau taumelt ein paar Schritte zurück, stolpert über den Teppich, kommt ins Fallen und landet mit dem Hinterkopf auf der Kante des neuen Couchtisches aus massiver Eiche. Herr Löblein erstarrt. Er kann es einfach nicht fassen, daß seine Frau nichts mehr sagt. Statt dessen schaut sie ihn mit weit aufgerissenen Augen an. Frau Löblein wird nie mehr ein Gebiß brauchen.

Das Guinness-Fieber

Buchenreuth war bis vor kurzem noch ein kleiner verschlafener Ort im Landkreis »Nürnberger Land«. Außer ein paar Karpfenweihern, die im Herbst aufgelassen wurden, hatte die Gemeinde nichts zu bieten. Das hat sich inzwischen geändert, denn in Buchenreuth hat eine Bewegung ihren Ausgang genommen, die sich allmählich über den ganzen Landkreis auszubreiten droht.

Begonnen hatte es damit, daß sich der sechsunddreißigjährige Bauhilfsarbeiter und Nebenerwerbslandwirt Siegfried Wimplinger innerhalb von fünf Minuten fünfzig Gramm Schnupftabak in beide Nasenlöcher stopfte, ohne daß er niesen oder husten mußte. Der Wimplingers Siegfried hatte damit einen Weltrekord aufgestellt. Ein Foto dieses einzigartigen Ereignisses, das durch die ganze deutsche Presse ging, hängt seitdem im »Grünen Baum« in Buchenreuth. Es zeigt den Champion, wie er sich mit seiner Nase erwartungsvoll dem Schnupftabak nähert, der den ganzen Unterarm bedeckt. Der Name vom Wimplingers Siegfried steht hinfort im »Guinness-Buch der Rekorde«, und zwar zwischen einem Japaner, der sich den Weltrekord im Dauereisessen geholt hatte, und einem Australier, der sein rechtes Bein neunmal gebrochen und damit den absoluten Weltrekord im Brechen des rechten Beins aufgestellt hat.

Kaum war der Name vom Wimplingers Siegfried im »Guinness-Buch« erschienen, da ging es in Buchenreuth und allen benachbarten Ortschaften von Hand zu Hand. Auch im »Roten Ochsen« in dem nur zwei Kilometer entfernten Dietersdorf überlegte man sich, was man tun könne, um einen Eintrag zu erhalten. Am Stammtisch ging es hoch her.

Der im Landratsamt in Lauf an der Pegnitz beschäftigte Schulers Erwin machte den ersten Vorschlag:

»Iich kann ja aff meim Bürostuhl vo Dietersdorf bis nach Nämberch fohrn. Des senn ja immerhin zwanzg Kilometer. Wenn des nix is ...«

Der Lades Willi, der in einer Nürnberger Spielzeugfabrik als Feinmechaniker arbeitete, schlug sofort das »Guinness-Buch« auf und las zum Erstaunen aller vor, daß der Rekord, sich auf einem Bürostuhl fortzubewegen, schon bei fünfzig Kilometern lag.

Aber der Schulers Erwin gab nicht auf:

»Wäi wär nern des, wenni enn ganzn Tooch vo fräih bis ohmd ununterbrochen redn dennert? Des hout doch bestimmt nu ka Mensch fertichbracht.«

»Weil dou schou wos derbei is!« warf der Lades' Willi dazwischen, der sich immer mehr als Experte in Sachen »Guinness-Buch« entpuppte:

»Der Weltrekord im Dauerreden licht momentoon scho bei drei Tooch!«

Der Schulers Erwin wollte das partout nicht glauben:

»Des is doch ä Ding der Unmöglichkeit, daß ä Mensch su lang redn koo!«

Doch der Lades Willi blätterte nur seelenruhig in seinem schon völlig zerlesenen Exemplar des »Guinness-Buchs«, um schließlich auf die Stelle zu deuten, die den Beweis erbrachte:

»Bitte, dou stäihts! Des wohr sugohr ä Daitscher, der wou den Rekord im Dauerredn aufgstellt hout.«

Nun mischte sich auch der Röders Michl ein, der Wirt vom »Roten Ochsen«:

»Des werd wohrscheinli ä Preiß gween saa. Drei Tooch nix wäi schmarrn, dou moumer aa die Goschn dernouch hoom. Iich glaubs ned, daß mir mit unserer Goschn enn Weltrekord gwinner könnertn.«

Aber der Schulers Erwin gab immer noch keine Ruhe. Wieder machte er einen Vorschlag:

»Wäi wär nern des, wemmer inn Weltrekord im Dauerkarteln aufstelln dennertn? Weil: Karteln des kömmer, des macht uns su schnell kanner nouch.«

Dieser Vorschlag fiel sofort auf fruchtbaren Boden. Man beriet noch eine Weile, wie man das geplante Unternehmen vor den Buchenreuthern verheimlichen konnte. Der Lades Willi war ja schließlich mit einer Buchenreutherin verheiratet, der man nicht über den Weg traute. Sie würde die Geschichte bestimmt ausplaudern, wenn sie ihre Mutter im Nachbarort besuchte, was sie ja jeden zweiten Tag tat. Angesichts dieser Tatsache wäre es wohl am besten, wenn der Lades' Willi gar nicht erst mitspielte. Ein Ersatzmann ließe sich bestimmt schnell finden.

Das brachte nun den leicht erregbaren Willi wieder einmal auf die Palme:

»Ihr maant wull, daß iich meiner Frau wos dervoo derzähln tou? Iich bin doch ka Waschweib! Vo mir derfährt däi ka Sterbmswörtler! Iich koo schweing, blouß dassers wißt!«

Bereits am darauffolgenden Freitag trafen sich die Stammtischler wieder. Es war dem Schulers Erwin sogar gelungen, einen Lokalreporter herbeizulocken, der die Runde beim Schafkopfen fotografieren mußte. Es wurde für alle Beteiligten eine sehr lange Angelegenheit. Vom Freitagabend bis zum Dienstagmorgen saßen sie auf den harten Wirtshausstühlen und spielten unentwegt Karten. Sie brachten es auf insgesamt 3011 Schafkopfrunden.

Am Samstag füllte sich der »Rote Ochse« derart mit Schaulustigen, die bei diesem einzigartigen Unternehmen in der Geschichte von Dietersdorf dabei sein wollten, daß der Moni, der Frau vom Röder Michl, der ja mitspielen mußte, nach kurzer Zeit das Bier ausging. Aber die Brauerei sorgte sehr bald für Nachschub und zeigte sich obendrein noch mit Freibier spendabel.

Nach vier Tagen hatten es die Dietersdorfer Kartelbrüder endlich geschafft: Nun waren auch sie für ewige Zeiten im »Guinness-Buch der Rekorde« vertreten, immer vorausgesetzt, es kam keiner auf die Idee, ihren Rekord zu überbieten.

Die Buchenreuther waren natürlich sauer, als sie davon erfuhren; man dachte schon daran, den Rekord der Dietersdorfer wenigstens um einen halben Tag zu verlängern, kam aber dann davon ab.

Und die Dietersdorfer waren sauer, als sie erfuhren, daß im fünf Kilometer entfernten Weigelstein anläßlich der Kirchweih die längste Stadtwurst der Welt verzehrt worden sei. Die Dietersdorfer wollten nicht glauben, daß sie über vierhundert Meter lang gewesen sei. Aber in der Zeitung stand ja, daß es sich bei der Stadtwurst um eine »notariell beglaubigte« gehandelt habe.

Bald ärgerte sich eine Gemeinde über die andere, denn jede wartete mit einem anderen Weltrekord auf, mit dem man nicht gerechnet hatte.

Der Hollmanns Heiner, der Wirt vom »Grünen Baum« in Buchenreuth, wo ja alles seinen Ausgang genommen hatte, überlegte sich, welchen Rekord er aufstellen könne. Er hatte nämlich das Gefühl, daß ihm allmählich die Felle davonschwammen, wenn er jetzt nichts unternähme.

Bei seinem letzten Großeinkauf in Nürnberg hatte er zum erstenmal in seinem Leben eine Buchhandlung betreten und ein »Guinness-Buch« erstanden, in dem er, sehr zum Leidwesen seiner Frau, immer vor dem Einschlafen zu lesen pflegte, wobei er es nicht lassen konnte, jedesmal, wenn er auf einen außergewöhnlichen Rekord stieß, diesen seiner Frau laut vorzulesen:

»Horch ämall, wos dou stäiht. Suwos kanns doch gohr ned gehm! In Amerika senn zwanzg Lait innerer Telefonzelln neigrabbelt und hamm dou dermiit inn Weltrekord aufgstellt, wäiviel Lait daß innerer Telefonzelln neigänger. Des gibts doch aff kamm Schiff!«

Da sagte seine Frau nur:

»Vo deiner Sortn passertn häichstens blouß drei nei!« Diese Spitze hatte wieder einmal gesessen, denn der Hollmanns Heiner wog beinahe zwei Zentner.

»Gäih zou, su dick binni aa widder ned. Schau der doch ämall inn Grünfelders Emil oo!«

Nun hatte seine Frau ein Thema gefunden. Sie legte sofort los:

»Der Grünfelders Emil ist mir aa ned moßgebend. Es langt scho, wenni diich ooschauer mou. Wennst äsu weiterfressn toust, wachsn der in ä pohr Johr nu die Aung zou.«

»Iich nehm scho widder oo, verlaß di drauf! Morng fangi gleich dermiit oo.«

»Joo, morng, des sachst jedn Tooch. Und morng sachst dann aa widder morng und su weiter, obber oonehmer toust nie!«

»Und ob iich oonehm! Iich hou nämli aff amall ä Mordstrumm-Idee. Mer mou blouß die richtichn Ideen hoom, nou kommt mer scho in des Bouch dou nei. Willsters ned wiss, wossi fürer Idee hou?

Aber statt einer Antwort drehte sich seine Frau nur demonstrativ zur Seite, um anzudeuten, daß sie nun endlich schlafen wollte.

Am nächsten Tag telefonierte der Hollmanns Heiner in der ganzen Weltgeschichte herum, denn er wollte sein Vorhaben auch werbewirksam für sein Lokal ausschlachten.

Vor den kritischen Augen des Lokalreporters, der schon über mehrere Rekorde im Landkreis »Nürnberger Land« berichtet hatte, kletterte er, nur mit einer Badehose bekleidet, auf eine Personenwaage, die genau zwei Zentner anzeigte.

Der Hollmanns Heiner kündigte den in seinem Lokal versammelten Gästen lautstark an, daß er den Weltrekord in Schnellabnehmen aufzustellen gedenke. Er wolle sich vierzehn Tage nur noch von Vitamintabletten und Mineralwasser ernähren. Aber der Hollmanns Heiner hatte den Mund zu voll genommen. Nach vier Tagen schon mußte er seinen Rekordversuch wieder abbrechen. Er hatte zwar acht Pfund abgenommen, aber als ein Gast vor seinen Augen ein Schnitzel mit Kartoffelsalat verspeiste, war es um ihn geschehen. Wie ein Aasgeier stürzte er sich auf den Gast und riß ihm das Schnitzel vom Teller, um es sich mit bloßen Händen einzuverleiben.

Um nicht als vollkommener Versager dem Gespött der Leute ausgesetzt zu sein, ließ er sich von seiner Frau umgehend fünfzig Bratwürste braten, aber fränkische wohlgemerkt, die schon um einiges größer und dicker sind als die winzigen »Nürnberger«. Der Hollmanns Heiner fraß wie ein Scheunendrescher. Bis zur zwanzigsten Bratwurst ging alles glatt. Er schlang die Bissen einfach hinunter, ohne viel zu kauen. Aber ab der einundzwanzigsten Bratwurst verlangsamte sich das Tempo, das er vorgelegt hatte, schon ein wenig, obwohl er es nicht versäumte, der Verdauung halber, immer wieder kräftig aufzustoßen. Von der dreißigsten an aß er nur noch wie in Zeitlupe. Es war die reinste Millimeterarbeit. Ab der einundvierzigsten schließlich ging überhaupt nichts mehr. Die blieb ihm nämlich so lange im Hals stecken, bis er daran erstickte.

Nun hatte er es doch nicht mehr geschafft, einen Eintrag im »Guinness-Buch der Rekorde« zu bekommen.

Die Buchenreuther und ihre Nachbargemeinden ließen sich jedoch von diesem Fehlschlag nicht entmutigen. Sie fuhren fort, die aberwitzigsten Rekorde aufzustellen. Und eines Tages kamen sie tatsächlich ins Guinness-Buch: mit ihrem Rekord im vergeblichen Aufstellen von Rekorden.

Das Endspiel

Wieder einmal hatten sich der Erwin und der Ernst in Schale geschmissen. Sie trugen ihren schwarzen Anzug und eine schwarze Krawatte über dem vorgeschriebenen blütenweißen Hemd, aber viel lieber wären sie im Trainingsanzug daheim vorm Fernseher gesessen, denn heut abend ging es schließlich um die Wurst. Man schrieb den 11. Juli 1982, und kein Mensch war auf den Straßen zu sehen. Ganz Nürnberg war wie ausgestorben.

»Wäi stäiht's?« fragte der Ernst den Erwin. Auf die Idee, ihn erst einmal zu begrüßen, kam er erst gar nicht.

»Däi hamm doch grood erscht oopfiffn, wäi der Oonruf kummer is.«

»Maanst, mir packens widder?«

»Schäi wärs ja scho, obber iich glaubs ned.«

»Du hilfst wull zu die Itooliener?«

»Iich helf zu kamm. Iich waaß blouß, daß die bessre Mannschaft gwinner tout.«

»Und wer isn des in deine Aung?«

»Innerer Stund wiß mer mehr.«

Unter diesen Worten betraten der Erwin und der Ernst den Lagerraum ihres Arbeitsplatzes.

»Däi hätt si ja aa ä andre Zeit raussoung könner. Mou däi ausgerechnt etz sterbm, wou es Endspiel läfft!« brummte der Erwin vor sich hin und schaltete die Neonbeleuchtung ein.

»Wos für ann soll mer denn nehmer?« fragte der Ernst.

»Des is doch worscht. Nehmer halt irgendann«, sagte der Erwin, der mit Recht stinksauer war, weil man ihn um den Höhepunkt des Jahres betrogen hatte.

»Obber mir könner doch ned einfach irgendann nehmer«, gab der Ernst zu bedenken: »Hout denn der Chef nix zu dir gsacht, wos für ann daß mer nehmer solln?«

»Naa, des houter dessmall vergessn.«

»Vergessn? Obber des vergißt der doch nie!«

»Hait scho. Du derfst ned vergessn, daß der aa es Endspiel ooschaut.«

»Sollinn nummall oorufn und frougn?«

»Naa, des brauchst ned. Mir braung ja blouß den dou nehmer. Mit dem senn bis etz alle Lait zfriedn gween«, sagte der Erwin und deutete auf einen schweren Eichensarg, der in seiner ganzen majestätischen Pracht und Größe vor ihnen stand.

Im Lagerraum des Arbeitsplatzes von Erwin und Ernst stand in feierlicher Eintracht ein Sarg neben dem andern. Der Erwin und der Ernst waren nämlich Leichenträger in einem Bestattungsunternehmen. Ohne viel Federlesens trugen sie den schweren Eichensarg zum schwarzglänzenden Kombiwagen des Bestattungsunternehmens und verstauten ihn, dann nahmen sie selber Platz und fuhren durch die ausgestorbenen Straßen von Nürnberg.

»Etz sollert mer enn Autoroodio hoom«, sagte der Erwin zum Ernst, der wie immer das Steuer übernommen hatte.

»Du bist wull nesch«, antwortete der Ernst, »innerm Leingauto hout doch ä Autoroodio nix verlorn!«

Sie fuhren auf dem schnellsten Weg zu der angegebenen Adresse. Mit der Routine, die ihr Beruf mit sich brachte, trugen sie den schweren Sarg fachmännisch zur Haustür, setzten ihn ab und schellten. Ein Herr, der die Mitte der sechzig schon überschritten hatte, öffnete ihnen. Am liebsten hätte der Ernst ihm die Frage gestellt: »Wie stäihts?« Aber das hat er sich aus Pietätsgründen dann doch verkniffen. Der Erwin und der Ernst setzten erst einmal den Sarg im Hausflur ab und machten dabei genau das ernste Gesicht, das ihre Kundschaft angesichts des Todes von ihnen erwartete.

»Am bestn, Sie troong den Sarch gleich dou nauf«, sagte der Hausherr, dessen Frau vor ein paar Stunden gestorben war: »Mei Frau licht nu dou obm.«

Der Erwin und der Ernst ließen den schweren Eichensarg am Boden stehen und betraten die enge Wendeltreppe, die zum ersten Stock führte. Das paßte nun wieder dem Hausherrn überhaupt nicht:

»Warum nehmers inn Sarch ned glei miit?«

»Weil mer den ned ums Eck rumbringer«, sagte der Ernst und zog ein Metermaß aus der Jackettasche seines schwarzen Anzugs. Er klappte es auf und sagte: »Der Sarch is zwaa Meter verzg lang. Mit dem kummer mir nie im Lehm um des Eck rum.«

»Probiern Sie's halt erscht ämall«, sagte der Hausherr.

»Des braung mehr gohr ned erscht probiern, weil des ned gäiht«, sagte der Erwin. Und der Ernst fügte hinzu: »Mir troong halt ihr Frau ohne Sarch runter und leengs dou untn nei.«

»Des kummt überhapts ned in Frouch. Entweder Sie troongs im Sarch nunter odder mei Frau bleibt obm!« sagte der Hausherr schon ein wenig ungehalten.

»Wemmers im Sarch runtertroong, gibts blouß ä Sauerei«, erwiderte der Erwin.

»Sie, reißn sersi fei ä weng zamm! Wäi sprechn Sie denn vo meiner Frau!« Jetzt war der Hausherr schon etwas wütend.

»Mei Kolleech hout vollkommen reecht«, sagte da der Ernst, »wemmer dou ums Eck rumkummer wolln, mäimer ihr Frau mitm Kupf nach untn runtertroong und dann läfft die ganze Leingflüssichkeit ausm Mund raus. Wos maaner denn Sie, wäi des stinkt. Und dann erscht nu däi Sauerei!«

»Mei Frau stinkt ned!« rief der Hausherr empört.

»Jeder Mensch stinkt, wenner tout is«, gab der Erwin zurück.

»Ham Sie denn ka Ehrfurcht vor die Toutn? Ihr seid ja schlimmer wäi die Metzger.«

»Den Metzger nehmers sofort zurück!« Jetzt war auch der Ernst wütend.

»Iich denk ja gohr ned droo!« brüllte der Hausherr: »Gäiht doch gleich affm Schlachthuuf! Dou ghörter hii, ihr zwaa. Des hout mei Frau werkli ned verdäint!«

»Kumm, Erwin, mir gänger«, sagte der Ernst zu seinem Kollegen: »Beleidichn loun mer uns ned. Und vo dem scho gleich gohr ned. Der maant wull, er kann frech werrn, weil nern sei Frau grood gestorbm is.«

Der Erwin und der Ernst hoben den schweren Eichensarg vom Boden auf und wandten sich zur Tür.

»Obber Sie könner miich doch ned mit meiner Frau allaans loun!« zeterte der Hausherr ihnen hinterher.

»Wemmer su beleidicht werrn, könner mir allers«, sagte der Erwin.

»Ich zeich Sie oo!« drohte der Hausherr.

»Dann zeing mir Sie aa oo wecher Beleidichung«, sagte der Ernst. Der Erwin machte die Tür auf und beide steuerten mit ihrem Sarg entschlossen auf das Leichenauto zu. Sie verstauten ihn, und der Ernst übernahm wieder das Steuer.

Vor ihnen wurde die Haustür aufgerissen. Der Hausherr trat auf die Straße, seine tote Frau im Arm. Der Ernst schaltete den Motor wieder ab, und der Erwin übernahm die Frau. »Warum denn ned gleich! Su gäihts ja aa! Obber immer erscht verrückt spieln!« sagte der Ernst. Gemeinsam mit dem Hausherrn, der kein Wort mehr sagte, betteten sie seine Frau in den Sarg. Als sie wegfuhren, schien es Erwin, als schimmere das bläuliche Licht des Fernsehers durch die Gardine.

Die Entziehung

»Wohrer scho dou?« fragte der Gerstackers Otto, als ihm der Wirt des »Schwarzen Adler« seinen Bierkrug mit Zinndeckel hinstellte, auf dem schon seit nunmehr zwanzig Jahren sein Name eingraviert war.

»Wenner scho dou gweenn wär, wärer doubliebm«, antwortete der Wirt und setzte sich an den Stammtisch. Er war so dick, daß sein Bauch gegen die Tischkante drückte.

»Etz wohrer scho zwaa Tooch lang nimmer dou«, fuhr der Otto nach einigem Nachdenken fort, »zwaa ganze Tooch. Des houter nu nie gmacht, dasser zwaa Tooch lang ned kummer is.«

»Iich waaß ja aa ned, wos dou lous is«, sagte der Wirt und klappte seinen Zinndeckel auf, um einen gewaltigen Schluck Bier zu sich zu nehmen.

»Entweder, er mooch uns nimmer odder er hout wos gecher uns«, folgerte der Otto.

»Warum soll der wos gecher uns hoom?« fragte der Wirt: »Mir hammern ja nix tou!«

»Waßt, wos mer machn?« sagte der Otto, »mir rufnern etz oo und froungnern, warumer nimmer kummt.«

»Und wenner ned derhamm is?« fragte der Wirt.

»Ner, wenner ned dou is, nou isser doch derhamm«, folgerte der Otto.

»Vielleicht trinkter sei Bier wouanders«, mußmaßte der Wirt.

»Des glaubi ned, zwanzg Johr lang trinkt der sei Bier bei dir. Zwanzg Johr. Maanst, daß der nach zwanzg Johr Knall aff Fall sei Bier wouanders trinkt?« gab der Otto zu bedenken.

Nun gab sich der Wirt endlich geschlagen: »Nou ruf mern halt oo, wennst maanst!«

Sie standen auf und gingen zum Telephon, das auf dem Ausschank stand.

»Waßt du sei Nummer?« fragte der Otto.

»Wouher soll iich denn dem sei Nummer wissn. Iich hounern doch nu nie oogrufn«, sagte der Wirt.

»Iich aa ned!« antwortete der Otto: »Wemmer enn Menschn jedn Tooch sicht, brauchtmern ja ned oorufn ...«

Es dauerte ungefähr zehn Minuten, bis sie den Namen ihres Freundes im Telefonbuch nachgeschlagen hatten.

»Waßt, wäiviel Fürsattel daß bei uns gibt?« fragte der Wirt, »Fünf!«

»Obber blouß ann Schorsch!« fügte der Otto hinzu, nachdem er einen Blick ins Telefonbuch geworfen hatte.

Schorschs Frau war am Apparat. Ziemlich kurz angebunden erklärte sie, daß ihr Mann wie üblich im »Schwarzen Adler« hocke und sich zusammensaufe.

Nun waren der Wirt und der Otto genauso schlau wie vorher. »Däi zwanzg Pfenni hätti mer sporn könner«, sagte der Wirt enttäuscht.

»Du bist vielleicht ein alter Knauser! Wos senn denn scho zwanzg Pfenni! Rechn ämall nouch, wos du all die Johre am Schorsch verdäint hast!« gab der Otto zurück.

Sie setzten sich wieder an den Stammtisch und fuhren in ihren Überlegungen fort, welchen Grund es denn haben könne, daß sich der Schorsch zwei Tage lang nicht mehr blicken habe lassen. Nach und nach trafen die anderen Stammtischler ein, die das Thema dankbar aufgriffen und weiterdiskutierten, aber zu einem Ergebnis kam man nicht.

Am Tag darauf erschien der Fürsattels Schorsch wieder nicht im »Schwarzen Adler«. Der Otto trank schnell noch ein Bier, um sich zu stärken und machte sich auf die Suche nach seinem treulosen Saufkumpan. Es wurde ein ausgedehnter Abend, denn in der Kleinstadt Bruck an der Pegnitz gab es immerhin vierzehn Wirtshäuser, wo man sein Geld versaufen konnte. In sieben davon trank der Otto jeweils eine Halbe Bier, dann ging er zu härteren Sachen über, weil er nicht ständig auf die Toilette rennen wollte, wenn er ein neues Gasthaus betrat. Er fragte jedesmal den Wirt, ob er den Fürsattels Schorsch gesehen habe. Da er kein Foto seines Freundes besaß, mußte er in allen vierzehn Wirtschaften eine eingehende Personenbeschreibung seines Freundes herunterbeten. Die Beschreibung wurde von einer Wirtschaft zur anderen immer konfuser. Der Pächter der zehnten Wirtschaft war ein Grieche. Der Otto erklärte ihm im allerschönsten Gastarbeiterdeutsch, worum es sich handelte:

»Ich suchen Kamerad. Trinken immer Bier. Spindeldürr. Sehr großes Mann.«

»Großes Mann?« fragte der Wirt: »Bei mir viele großes Mann!«

»Tragen immer grünes Tirolerhut«, präzisierte der Otto, »mit kleines Feder von Vogel.«

»Nix gesehen ich Mann mit Feder von Vogel«, sagte der Wirt, und der Otto kippte den Ouzo hinunter, der ihn an die Anisplätzchen erinnerte, die seine Mutter immer zu Weihnachten gebacken hatte. In der vierzehnten Wirtschaft konnte er – sternhagelvoll, wie er war – nur noch sich selber beschreiben:

»Hamm Sie vielleicht enn klann Dickn gsäing miterer Glatzn?«

»Wenni mi ned taisch, stäiht grood anner vuur mir!« sagte die Bedienung und lachte selbst über ihren gelungenen Scherz.

Als der Otto am anderen Tag aufwachte, war es halb elf. Er wußte nicht mehr, wie er nach Hause gekommen war. Er wußte nur, daß er einen fürchterlichen Brummschädel hatte. Mehr als drei Stunden brauchte er, um einigermaßen zu sich zu kommen. Dann schaute er im »Adler« vorbei, wo er dem Wirt von seiner ergebnislos verlaufenen Suche Bericht erstattete.

»Gäih halt ämall zu imm hii«, riet ihm der Wirt, »des wäre es Gscheitste.«

»Wos maanst, wos iich etz mach?« sagte der Otto und trank noch schnell sein Bier aus, um seinen Kater wieder in den Griff zu kriegen. Er machte sich auf den Weg zu Schorsch Fürsattels Haus und schellte wie verrückt. Schorschs Frau machte ihm auf. Auf seine Frage, was mit Schorsch los sei, antwortete sie nur: »Der hockt doch scho widder im »Odler« und saift! Des machter scho seit drei Johr, seiter sei Rentn gräicht.«

»Des gibts doch ned, iich kumm doch grood vo dort!«

»Grood isser fortganger. Sindsm denn ned begeengt?«

Da konnte der Otto, dem die ganze Angelegenheit langsam schleierhaft vorkam, nur noch »naa« sagen und sich verdrücken.

Von der nächstbesten Telephonzelle aus rief er den Wirt an: »Is der Schorsch bei dir?«

»Du hast doch grood gsäing, dasser ned dou is.«

»Obber es hätt doch saa kenner, dasser inzwischn kummer is.«

»Naa, der is ned kummer. Wos houtn sei Alte gsacht?«

»Des is ja des. Däi hout gsacht, dasser bei dir is!«

»Etz blicki langsam werkli nimmer durch.«

»Maanst iich?« Mit dieser Frage hängte er wieder ein. Er ging zum Haus der Fürsattels zurück und beobachtete es, wobei er sich wie ein Detektiv in drittklassigen Kriminalromanen hinter einem Baum versteckte. Er wartete eine Stunde, er wartete zwei Stunden. Die Dämmerung setzte langsam ein. Schließlich verließ kurz vor sechs Schorschs Frau das Haus, mit einem Einkaufsnetz in der Hand. Der Otto rannte ganz schnell zum Haus hinüber und rüttelte an der Tür, aber niemand machte ihm auf. Er ging ums Haus herum. Ein Kellerfenster war offen. Mit den Beinen voran, stieg er ein. Seinen Bierbauch mußte er schon gewaltig einziehen, um überhaupt noch durchzukommen, dann landete er auch noch sehr unsanft auf einem Kohlehaufen. Er klopfte sich den Ruß von der Hose, ging die Kellertreppe hoch und schrie aus Leibeskräften:

»Schorsch, wou steckstn? Schorsch! Schorsch, geb doch ä Antwort!«

Aber im ganzen Haus rührte sich nichts. Er durchkämmte es systematisch. Im Wohnzimmer hüpfte ein Wellensittich aufgeregt in seinem Käfig hin und her, als er den Otto sah. In der Küche fing der Kühlschrankmotor an zu brummen, so daß er unwillkürlich zusammenzuckte. In der Speisekammer klirrten die Marmeladengläser auf ihrem wackeligen Regal. Der Otto ging die Treppe zum ersten Stock hoch. Im Bad tropfte ein Wasserhahn. Die Tür zum Zimmer daneben war verschlossen. Mit einem Ruck drehte er den Schlüssel herum. Es war das Schlafzimmer. Sein Kumpel lag wie zum Ausgehen angezogen auf dem Ehebett. Er machte einen ziemlich erschöpften Eindruck.

»Wos machst denn du für Sachn?« fragte er ihn.

»Mei Frau hout mi eigsperrt. Gut, daßd kummer bist«, sagte der Schorsch mit einer Stimme, die so schwach war, als sei sie nicht mehr von dieser Welt.

»Eigsperrt?« fragte der Otto zurück: »Obber warum denn?«

»Dassi nimmer in »Odler« gäih kann!« sagte der Schorsch.

»Warum bistn ned einfach zum Fenster nauskrabbelt?« fragte der Otto beharrlich weiter.

»Iich kann doch ned zum Fenster nauskrabbeln und vom erschtn Stock runterspringer, dou wäri doch sofort hii gween. Väier Tooch binni etz scho dou herin! Wenn du ned kummer wärst, wäri wohrscheinli draffganger. Däi hout mer ja ned ämall wos zum Essen reitou. Blouß ä Wasser houts mer reigstellt, wenni gschloufn hou«, sagte der Schorsch ganz kleinlaut.

»Etz moußt mer obber ann ausgehm, woui der es Lehm grett hou«, sagte der Otto.

»Nou moußt mi obber in »Odler« troong. Iich fühl mi su schlapp. Väier Tooch ohne Bier. Des hält doch der stärkste Elefant ned aus. Iich glaub, iich kann ned ämall mehr laufm«, stöhnte der Schorsch und ließ seinen Kopf auf das Paradekissen seines Ehebettes fallen.

Die Macht der Gewohnheit

Als Frau Stapf, wie jeden Abend, gegen siebzehn Uhr vom Geschäft nach Hause kam und die Tür zu ihrer Wohnung in der Apfelbeckstraße 21 aufschließen wollte, bemerkte sie, daß neben der Tür die Plastiktüte mit Müll lehnte, welche sie in der Früh, ehe sie ins Geschäft gegangen war, in einer der sechs Mülltonnen deponiert hatte, die für die sechs im Haus wohnenden Parteien zur Verfügung standen. Einen Augenblick lang glaubte sie schon an eine Halluzination, aber ein Blick in die Tüte überzeugte sie davon, daß es sich tatsächlich um ihren Müll handelte. Es blieb ihr nichts anderes übrig: Sie ging noch einmal zu der von drei Mäuerchen begrenzten Einfriedung hinunter, in der sich die sechs Mülltonnen befanden, und verstaute sie in einer Tonne, die schon bis zum Bersten mit anderen Plastiktüten angefüllt war. Mit beiden Händen drückte sie so lange auf den Deckel, bis er allmählich schloß. Dann ging sie wieder nach oben und sperrte, mit einem Seufzer der Erleichterung, endlich ihre Wohnungstür auf.

Eine halbe Stunde später kam ihr Mann nach Hause. Er schellte, wie üblich, zweimal. Frau Stapf war baß erstaunt, als er ihr die Plastiktüte mit dem Müll präsentierte, die sie soeben erst verstaut hatte.

»Kannst du mir verroutn«, knurrte er sie an, »wos des soll?«

Frau Stapf verstand die Welt nicht mehr. Lang und umständlich erzählte sie ihrem Mann, daß sie die Tüte eben erst in die Mülltonne deponiert hätte. Und das heut schon zum zweiten Male. Herr Stapf wollte ihre Geschichte nicht glauben:

»Des machst doch mir ned weis. Ä suer Plastiktütn kann doch ned fläing!«

Frau Stapf war den Tränen nahe, daß sie ihr Mann ausgerechnet wegen einer lächerlichen Plastiktüte bezichtigte, die Unwahrheit gesagt zu haben! Es kam zu einer Auseinandersetzung, in deren Verlauf Herr Stapf wutschnaubend die Plastiktüte ergriff und sie eigenhändig nach unten brachte, um sie in einer der sechs zur Verfügung stehenden Mülltonnen zu verstauen. Als er wieder hinaufkam, wartete seine Frau mit verweinten Augen schon an der Tür und fragte ihn, ob er etwas Auffälliges bemerkt habe, was dieser natürlich sofort verneinte. Er ließ sie mit ihren verweinten Augen im Flur stehen und ging schnurstracks ins Schlafzimmer, um seinen Trainingsanzug, den er abends immer der Bequemlichkeit halber trug, anzuziehen. Frau Stapf wußte sich keinen Rat mehr. Vielleicht hatten ihr ihre Nerven einen Streich gespielt?

Aber das konnte nicht sein, weil es nicht sein durfte!

Aus dem Wohnzimmer drang jetzt Volksmusik an ihr Ohr. Es war die Kassette, die ihr Mann immer dann hörte, wenn er nach Hause kam. Sie half ihm dabei abzuschalten und »wieder ein Mensch zu werden«, denn jedesmal, wenn er sie zur Hälfte gehört hatte, pflegte er zu sagen:

»Etz binni widder ä Mensch!«

Frau Stapf hätte sich eigentlich längst in die Küche begeben müssen, um für sich und ihren Mann das Abendessen zu bereiten, aber sie blieb einfach, wie angewurzelt, im Flur stehen. Jemand hatte es auf ihre Nerven abgesehen, wollte sie fertigmachen, aber wer? Ihr Mann hatte doch bestimmt kein Interesse daran! Sie verstanden sich immer noch gut in ihrer schon mehr als zwanzig Jahre währenden schweigsamen Art und Weise des Nebeneinanderherlebens. Da hörte sie plötzlich Schritte. Jemand kam die Treppe hoch. Sie preßte ihr rechtes Auge gegen den Spion und erblickte Frau Weiß aus dem Parterre. Frau Weiß hatte die Plastiktüte in der Hand, die ihr Mann eben erst heruntergebracht hatte. Mit einem gewaltigen Ruck riß Frau Stapf die Tür auf, da kläffte sie Frau Weiß auch schon an: »Wos bildn Sie sich eingli ei? Des is mei Mülltonner!«

Und ohne viel Federlesens drückte sie ihr, obwohl sie immer noch verweinte Augen hatte, das »corpus delicti« in die Hand. Nun war auch Frau Stapf nicht mehr zu bremsen:

»Wou stäihtn des, daß des ihr Mülltonner is? Des is ja des Allerneiste!«

Bald erschien, im bequemen Trainingsanzug, auch Herr Stapf am Ort des Geschehens:

»Wos is denn dou lous?«

Aber da bemerkte er auch schon Frau Weiß, die jetzt wieder an der Reihe war und gewaltig zu keifen anhob:

»Die erscht Mülltonner vo links, des is meine! Dou hout Ihr Plastikbeitl nix drin verlorn. Des merkn sersi!«

Herr Stapf, der augenblicklich merkte, daß er seiner Frau fürchterlich Unrecht getan hatte, griff in die Debatte ein:

»Allers, wos reecht is, obber iich glaub, Sie senn ä weng übergschnappt. Däi sechs Mülltonner senn doch für alle sechs Parteien dou! Und dou is doch vollkommen egohl, in wos für anne daß mer sein Dreeck neitout. Müll is Müll.«

Frau Weiß widersprach sofort:

»Des is ehm ned egohl. Die erscht vo links is meine, die zweit vo links ghört die Bruckers, die dritt vo links ghört die Weimanns, die vert vo links ghört die Straßners und die fünft vo links ghört Innern. Dou mäins Ihr Zeich neitou!«

»Dou stäiht obber im Mietvertrooch nix dervoo drin«,

entgegnete Herr Stapf und schaute seine Frau an, deren Augen immer noch verweint aussahen.

»Hättn sersi halt erkundicht, wäis eizogn senn«, erklärte Frau Weiß, »mir hättens Innern scho gsacht, obber Sie hamm des ja ned ämall nötich ghabt, dasser si erkundichn. Sie mäin si scho an unsre Geflochnheitn haltn, wenns scho dou ba uns wohner.«

Sie sagte noch schnell »Ade, mitnander!«, ließ das völlig verdatterte Ehepaar stehen und ging zurück in ihre Parterrewohnung unten links.

Herr und Frau Stapf gingen zu ihrer Mülltonne hinunter. Ein Vierteljahr, nachdem sie in dieses in den fünfziger Jahren erbaute Haus eingezogen waren, wußten sie nun endlich, daß sie die stolzen Besitzer der fünften Mülltonne von links waren …

Die neue Lehrerin

Wenn man auf der Bundesstraße 2 von Nürnberg nach Bayreuth fährt, passiert man die in einem breiten Tal liegende Gemeinde Eckenreuth. Eckenreuth liegt am Fuße der Fränkischen Schweiz. Vor ein paar Jahren wurden in der einzigen Drogerie des Ortes noch Ansichtskarten verkauft, die, in schöner Druckschrift, die Aufschrift trugen: »Eckenreuth – das Tor zur Fränkischen Schweiz«. Aber mangels Nachfrage hat der Drogist, der Bergers Heiner, die teure Kartenproduktion schnell wieder eingestellt.

Dabei hatten die Ansichtskarten gar nicht so schlecht ausgesehen. Sie waren in fünf Felder mit fünf verschiedenen Fotos aufgeteilt. In den beiden oberen Feldern waren die beiden Kirchen des Ortes zu sehen, die nachweislich schon im vierzehnten Jahrhundert erbaute evangelische, mit einem durchaus sehenswerten Altar, und, natürlich auch aus Gründen des Proporzes, die erst in den zwanziger Jahren dieses Jahrhunderts erbaute katholische. In den beiden mittleren Feldern waren der alte, von einem flachen Dach geschmückte Dorfbrunnen und ein Fachwerkhaus abgebildet, das jetzt, zweckentfremdet, als Spritzenhaus für die Freiwillige Feuerwehr diente. Die drei unteren Felder zeigten einen Blick von einer Anhöhe auf das friedlich im Tal liegende Eckenreuth. Außer den Kirchturmspitzen der Kirchen beider Konfessionen war jedoch nicht sehr viel zu erkennen. In der Mitte der unteren Reihe konnte man den Eckenreuther Felsen bewundern, ein Findlingsblock, der, im Vergleich zu den Felsenansammlungen in der Fränkischen Schweiz, schon arg kümmerlich ausgefallen war, wenngleich sich um ihn eine alte Sage rankte: Alte Leute in Eckenreuth erzählen immer noch, daß der Teufel auf diesem Felsen mit seiner Großmutter einmal Karten gespielt habe. Wie alle Sagen, hatte auch diese einen Wahrheitskern. In dem Kalkstein des Felsens fanden sich nämlich Ablagerungen von Tintenfischen, die man hier »Teufelsfinger« nennt. Das letzte Foto schließlich zeigte die etwa fünfhundert Meter hohe Bergkette im Norden des Ortes, die schon zur eigentlichen Fränkischen Schweiz gehört.

Es ist nicht untertrieben zu sagen, daß Eckenreuth ein völlig unbedeutender Ort ist. Ein wenig schuld daran, daß die Gemeinde auch heute noch im Dornröschenschlaf liegt, sind die Eckenreuther selber.

Während es der benachbarten Gemeinde Schmausenberg gelungen war, eine holzverarbeitende Fabrik in den Ort zu ziehen, die über zweihundert Menschen mit Arbeit und Brot versorgen konnte, ging Eckenreuth völlig leer aus.

Der Gemeinderat von Eckenreuth, der in der Nachkriegszeit noch von Bauern dominiert war, hatte es nämlich abgelehnt, die Fabrik im Ort aufzunehmen.

Jedesmal, wenn in einem der vier Wirtshäuser des Ortes die Rede auf diese gravierende Fehlentscheidung des Gemeinderates kommt, fangen die Eckenreuther zu jammern an, und nach einer Weile stoßen sie dann die wüstesten Verwünschungen auf den Gemeinderat vor nunmehr über dreißig Jahren aus. Aber das hilft ihnen heute auch nichts mehr ...

Was hätte nicht alles aus Eckenreuth werden können?

Aber Tatsache ist, daß *nichts* aus dem Ort geworden ist.

Nicht einmal die Kirchweih ist mehr das, was sie einmal war! Noch vor fünfzig Jahren waren die Eckenreuther für ihre ungeheuere Rauflust im ganzen Umland bekannt gewesen. Ein Spottvers, der heute noch in der

Nachbargemeinde Schmausenberg in aller Munde ist, zeugt davon:

»In Eckenreith, in Eckenreith,
dou wohner lauter bäise Lait.«

Von »bösen Leuten« kann natürlich heute keine Rede mehr sein. Die Eckenreuther unterscheiden sich um keinen Deut von anderen Bewohnern der Bundesrepublik. Sie sind weder schlechter noch besser.

Als am Ende der sechziger Jahre auf allen deutschen Universitäten sprichwörtlich der »Teufel« los war, der auf dem Eckenreuther Felsen immer noch mit seiner Großmutter Karten spielte, war in Eckenreuth selbstverständlich die Welt noch in Ordnung, wenn auch das Fernsehen jeden Tag von den unruhigen Studenten berichtete.

Nur Hartmut, der Sohn des evangelischen Pfarrers Fleischmann, war allen ein Dorn im Auge. Man glaubte nämlich, ihn auf einem Illustriertenfoto erkannt zu haben. Mit einer roten Fahne in der Hand. Hartmut studierte an der Freien Universität Berlin Theologie und war allein schon aus dem Grund, weil er es vorgezogen hatte, bei den »Preißn« zu studieren, verdächtig. Wiederholt stellte man seinen Vater zur Rede, aber der verleugnete, wie weiland Petrus den Herrn, seinen Sohn, indem er behauptete, daß der auf dem Illustriertenfoto abgebildete nicht mit ihm identisch sei. Nur die aus lächerlichen drei Personen bestehende Gemeindefraktion der Sozialdemokratischen Partei zeigte Verständnis für den ungeratenen Pfarrerssohn, aber die »Sozis« hatten ja im Ort nichts zu vermelden. Die Mehrheitsfraktion war fest in den Händen der Freien Wählergemeinschaft und der CSU, die sich beide zum Verwechseln ähnlich waren.

1969 bekam die Volksschule Eckenreuth nun eine neue Lehrerin, die fortan die dritten Klassen unterrichten sollte. Sie war unverheiratet und obendrein noch sehr hübsch. Was aber den Eckenreuthern überhaupt nicht in den Kram paßte, war, daß sie darüberhinaus auch noch sehr selbstbewußt auftrat. Es war üblich, zu einer Lehrerin einfach »Fräulein« zu sagen. Die »Neue« räumte damit jedoch sofort auf und bestand auf der Anrede »Frau Herbst«, obwohl sie unverheiratet war.

Das konnten die Mitglieder der Mehrheitsfraktion im Gemeinderat nun gar nicht verstehen. Wenn sie im »Grünen Baum« bei ihrem Stammtisch zusammenhockten, ging es hoch her.

»Wos däi sich vielleicht eibild«, sagte der Schneiders Gerch, der die schönsten Spargeläcker des Ortes sein eigen nannte, »Zu der kammer doch ned ›Frau‹ soong, wenns ned verheirert is. Suweit kummts nu. Wenn des su weitergäiht, mäimer bald aa nu zu emm verzeäjährichn Maadler, wos grood konfirmiert worrn is, ›Frau‹ soong.«

»Obber ä Frau is scho«, gab der Heinhubers Fritz zu bedenken. Der Heinhubers Fritz war der derzeitige Bürgermeister von Eckenreuth. Vor zwei Jahren hatte er sein florierendes Lebensmittelgeschäft in einen Personalkosten sparenden Supermarkt umgewandelt. Alle schauten den Heinhubers Fritz ganz groß an, in Erwartung dessen, was noch kommen sollte. Nach einer Pause, in der er sich einen Schluck Bier genehmigt hatte, fuhr er fort: »Und wos des für ä Frau is! Habt ihr scho mall gsäing, wos däi für Dittler hout?«

»Weils kann Büstnhalter oohout«, schränkte der Schneiders Gerch ein, »wenn mei Frau kann Büstnhalter ned oohout, schauer doch derer ihre genausu aus.«

»Des möchti bezweifeln«, wandt der Bergers Heiner

ein, der mit dem Verkauf seiner Ansichtskarten keinen Erfolg gehabt hatte.

Der Schneiders Gerch fühlte sich herausgefordert: »Willst du dou dermiit soong, daß mei Frau nesch is?«

Ein Streit drohte aufzukommen. Der Bürgermeister griff schlichtend ein: »Iich waaß ned, ob du dei Frau mit der neier Lehreri vergleing koost. Däi schaut doch aus wäier Filmstor, wennst miich frouchst. Daß däi überhapts Lehreri worrn is!«

Der Bergers Heiner kam für einen Augenblick lang ins Träumen: »Also, iich soochert ned naa, wenn däi ämall joo sochert.«

Aber der eher zur Schweigsamkeit neigende Klausfelders Willi, der die gesamte Gemeinde mit Heizöl versorgte, holte ihn wieder auf den Boden der Tatsachen zurück: »Die Frouch is blouß, ob däi diich aa mooch.«

Doch der Bergers Heiner war um eine Antwort nicht verlegen: »Mer mäißerts halt ämall draff ookummer loun.« Aber dann bekam er doch Angst vor seiner eigenen Courage und machte eine gewaltige Einschränkung: »Wenns ner ned ä suer Goschn hätt! Daß däi des nötich hout, wous su hübsch is, daß ihr Waffl su aufreißn mou?«

Die neue Lehrerin wohnte, wie alle ihre Vorgängerinnen auch, bei der Stieglers Margreth, der Witwe eines angesehenen Landwirts. Die Margreth gab mit ihren Lehrerinnen bei allen passenden und unpassenden Gelegenheiten an, aber diesmal blieb sie doch ein wenig kleinlaut, denn eine Lehrerin, die es verabscheute, »Fräulein« genannt zu werden, hatte sich noch nicht unter ihren Schützlingen befunden. Diese »Lehrerin« dachte nicht im Traum daran, sich von der Stieglers Margreth gängeln zu lassen. Was man ihr auch sagte, immer wußte sie das Gegenteil. Die Stieglers Margreth war es nicht gewohnt, daß man ihr widersprach. Aber das Allerschlimmste war: Diese selbsternannte »Frau« Herbst bekam einmal die Woche Herrenbesuch und schreckte nicht einmal davor zurück, den Herrn mit auf ihr Zimmer zu nehmen, obwohl die Stieglers Margreth Herrenbesuche ausdrücklich nicht gestattet hatte. Nach einiger Zeit wurde es ihr doch zu bunt. Als sich der fragliche Herr wieder einmal auf dem für diese Zwecke nicht geeigneten Zimmer der Lehrerin befand, klopfte die Stieglers Margreth wutentbrannt an die Tür: »Sie hamm Herrnbesuch, wou Sie genau wissen, daß Sie kann Herrenbesuch aff Ihrm Zimmer empfanger dürfn.«

Die Lehrerin ließ sich nicht einmal durch dreimaliges Wiederholen des Wortes »Herrenbesuch« kleinkriegen. Sie holte sofort zu einer Gegenfrage aus, ohne ihre Zimmertür auch nur einen Spalt breit zu öffnen: »Wou stäihtn des, Frau Stiegler? In Ihrm Mietvertrooch stäiht fei nix dervoo drin!« Da mußte die Stieglers Margreth unverrichteter Dinge wieder abdampfen. Dieser Mietvertrag war doch bloß ein Stück Papier, das sie in einem Schreibwarengeschäft erstanden hatte.

Ihr Wort war doch viel mehr wert. Die Stieglers Margreth ärgerte sich schwarz. Sie ging in ihrem Wohnzimmer auf und ab wie ein aufgescheuchter Tiger. Es wurmte sie nicht nur, daß die neue Lehrerin ihr ausdrückliches Verbot so schamlos übertrat und schon zum wiederholten Male unerlaubten Herrenbesuch auf ihr Zimmer mitnahm. Es wurmte sie auch, daß die »Neue«, verglichen mit den anderen Untermieterinnen, die sich bereitwillig »Fräulein« nennen ließen, so unordentlich, ja sogar ausgesprochen schlampig war. Obwohl sie einen Kleiderschrank in ihrem Zimmer hatte, hielt sie es anscheinend nicht für nötig, ihre Kleider und Hosen hineinzuhängen. Sie hängte ihre Sachen einfach an die Schranktür, und es war ihr scheinbar vollkommen egal, ob die Metallhaken der Kleiderbügel die schöne Möbelpolitur ihres furnierten Schrankes zerkratzten.

Und dann lagen auch noch überall auf dem Fußboden Zeitschriften und riesige Stapel von Büchern herum, die man erst einmal aufheben mußte, wenn man das Zimmer saubermachen wollte. Und an der schönen Tapete hatte sie mit Stecknadeln Zeitungsausschnitte und Plakate befestigt, auf denen mitunter sehr merkwürdige politische Parolen zu lesen waren. Die Stieglers Margreth, die bei den Gemeinderatswahlen ihre Stimme immer den Freien Wählern gegeben hatte, machte schon ein betretenes Gesicht, als ihr Blick einmal auf drei bärtige Männer fiel, die auf einem roten Plakat abgebildet waren. Sollte es sich bei diesen drei bärtigen Männern etwa gar um Kommunisten handeln? Allmächtiger, sowas konnte sie doch in ihrem Haus nicht dulden. Der einzige bärtige Mann, gegen den sie nichts hatte, hieß Jesus Christus ... Die Stieglers Margreth wurde von Panik erfaßt. Sie holte ihre Brille aus dem Wohnzimmer, damit sie den Text auf dem Plakat lesen konnte: »Alle reden vom Wetter. Wir nicht. Der Sozialistische Deutsche Studentenbund.« Die Stieglers Margreth ärgerte sich so sehr, daß sie einige Tropfen von dem Kreislaufmittel nehmen mußte, das ihr der Hausarzt vor drei Jahren einmal gegen ihr Herzklopfen verschrieben hatte. Sie setzte sich in einen Sessel und wartete auf die beruhigende Wirkung der Tropfen.

Da ging bei der neuen Lehrerin die Tür. Die Margreth ging zum Fenster und schob die Gardine ein wenig zur Seite. Der Herr, der ihre Untermieterin soeben besucht hatte, stieg wieder in sein Auto ein. Sie konnte gerade noch erkennen, daß er einen Bart trug. Eine Angst, die viel stärker war als die beruhigende Wirkung der Tropfen, schnürte ihr die Kehle zu. An wen sollte sie sich wenden? Wenn sie ein Problem hatte, war sie früher immer zu Pfarrer Fleischmann gegangen. Aber der hatte ja selber so einen Sohn, der mit einer roten Fahne in der Hand in der Weltgeschichte herumspazierte, statt zu studieren ...

Es blieb ihr nichts anderes übrig: Sie machte sich gleich auf den Weg zum Heinhubers Fritz, dem Bürgermeister, obwohl sie ihn nicht sonderlich mochte, hatte er doch ihren Mann noch vor seinem Tod übers Ohr gehauen, als er ihm die vor dem Eckenreuther Felsen gelegene saure Wiese für ein Butterbrot abgekauft hatte.

Der Bürgermeister war baß erstaunt, weshalb sie ausgerechnet zu ihm käme: »Warum kummstn dou zu mir? Gäih doch gleich zu ihrm Direkter in der Schul. Iich bin für däi fei ned zuständich.«

»Obber du bist doch der Bürchermaster!«

»Joo, des scho, obber iich kannerer doch ned verbäitn, daß däi su Plakoote an ihr Wänd hängt.«

»Des senn immer nu mei Wänd. Dou bestimm iich, wos nooghängt werd.«

»Unterm Hitler hättmer dou scho wos machn könner, obber etz lehmer innerer Demokratie. Dou moumer scho ä weng vuursichtich saa.«

Aber die Stieglers Margreth ließ nicht nach: »Des soll ä Lehreri saa. Ä Schlampm is! Schau halt ämall ihr Zimmer oo. Des is gwiiß ka Aushängeschild für Eckenreith.«

»Joo, wenn des su is, nou moui mers halt doch ämall ooschauer.«

»Kumm halt gleich miit.«

Darauf sagte der Heinhubers Fritz, daß das so einfach auch wieder nicht ginge, aber er werde sich schon etwas einfallen lassen, um einen Blick ins Zimmer der Lehrerin zu werfen.

Der Heinhubers Fritz zog den Schneiders Gerch ins Vertrauen. Schließlich war er ja sein gewählter Stellvertreter. Bei mehreren Halben Bier tranken sie sich im »Grünen Baum« Mut an. Danach holten sie eine Leiter aus dem Stadel vom Schneiders Gerch. Der ganze Ort lag in völliger Dunkelheit vor ihnen. Es war so spät, daß die wenigen Straßenbeleuchtungen längst wieder abgeschaltet waren. Der Schneiders Gerch trug die Leiter an einem Ende, der Heinhubers Fritz am anderen. Sie schleppten sie zum Anwesen der Stieglers Margreth und lehnten sie unter großen Mühen an die Hauswand. Die Leiter reichte gerade bis zu dem Fenster im ersten Stock, hinter dem die neue Lehrerin wohnte, die kein »Fräulein« sein wollte und einen bärtigen Herrn mit auf ihr Zimmer nahm.

Die beiden Spitzen des Ortes stritten sich noch eine Weile, wer hinaufsteigen solle. Der Heinhubers Fritz blieb hart: »Naa, du hältst, und iich steich nauf. Schließlich bin doch iich der Bürchermaster, odder?«

Das paßte dem Schneiders Gerch gar nicht, der auch auf seine Kosten kommen wollte: »Du kannst doch ned als Bürchermaster aff suer Lattern naufsteing. Wäi schautn des aus?«

Der Heinhubers Fritz ließ sich aber nicht davon abbringen: »Schau ämall her, gesetzt denn Fall, iich loudi naufsteing und dir passiert wos, nou fällt doch des Ganze aff miich zurück, weil iich die Verantwortung hou. Bleib läiber untn.«

Da gab sich der Schneiders Gerch endlich geschlagen: »Obber dann sachst mer wenigstens, wos sichst!«

Der Heinhubers Fritz kletterte vorsichtig die Leiter hinauf. Es dauerte gar nicht lange, und er hatte die oberste Sprosse erreicht. Der Schneiders Gerch wurde schon ungeduldig am Fuß der Leiter: »Sichst wos?«

Der Heinhubers Fritz erstattete, wie versprochen, Bericht: »Däi hout ja ned ämall ihrn Vuurhang vuurzoong, und es Licht brennt aa nu!«

»Und wou isn sie?«

»Im Bett is ned, obber es schaut su aus, als ob dou grood nu anner dringleeng is.«

»Ä Mannsbild?«

»Des kanni ned soong. Halt, obber affm Tiisch stäiht nu ä Flasch Wei und zwaa Gläser. Des haßt ...«

Mehr konnte er aber nicht mehr sagen, denn gerade in diesem Augenblick wurde er von einem ununterbrochenen Blitzen unterbrochen. Der Heinhubers Fritz erschrak so sehr, daß er nur mit Mühe die Balance auf der Leiter halten konnte, und der Schneiders Gerch wollte sich schon in die Flucht schlagen, die Leiter im Stich lassend, auf der der vollkommen hilflose Bürgermeister gestikulierte. »Frau« Herbst, die neue Lehrerin, stand, mit einem Fotoapparat bewaffnet, vor der Haustür der Stieglers Margreth und lachte sich halbtot. Das Blitzgewitter, das von ihrem Fotoapparat ausging, beleuchtete gespenstisch die Szene. Der Bürgermeister wagte es nicht, die Leiter wieder hinunterzusteigen. Die Lehrerin hörte allmählich zu lachen auf: »Des gibt vielleicht ä schäins Bild, Herr Bürchermaster. Ein Bild für Götter. Und wissens, wos iich dou dermiit mach? Den ganzn Film bringi morng nach Nämberch zum »Achtuhrblatt«! Des werd a Schloochzeiln gehm.«

Jetzt bemerkten der Schneiders Gerch und der Heinhubers Fritz erst, daß hinter der neuen Lehrerin ein Herr mit einem Bart stand.

Nachbarn

»23. September, 7.30 Uhr: ständiges Türenschlagen,

8.00 Uhr:	eine Viertelstunde lang wird ein Ball an unsere Wand geworfen,
9.30 Uhr:	Schreien und Brüllen im Treppenhaus,
11.00 Uhr:	Rückkehr vom Einkaufen, wieder Schreien und Brüllen im Treppenhaus,
11.30 Uhr:	erneutes Türenschlagen,
12.30 Uhr:	Poltern und Krachen,
14.00 Uhr:	ständiges Herumrennen und Fußballspielen im Zimmer,
15.15 Uhr:	Pfeifkonzert,
15.45 Uhr:	Krachmusik mit Pfannen und Töpfen,
16.00 Uhr:	Ein schriller Schrei im Treppenhaus,
16.30 Uhr:	Das Kinderprogramm im Fernsehen wird so laut angedreht, daß man jedes Wort verstehen kann,
17.30 Uhr:	Poltern, Krachen und Klopfen,
17.45 Uhr:	Splittern wie von Glas?,
18.15 Uhr:	Hämmern und Sägen,
18.25 Uhr:	Schränkeschieben,
19.15 Uhr:	Familie Schnepf bekommt sehr lauten Besuch,
19.35 Uhr:	Lautes Streiten,
20.05 Uhr:	Singen in der Badewanne, wahrscheinlich Herr Schnepf?,
20.30 Uhr:	Wieder Kindergeschrei ...«

Es dauerte schon eine Weile, bis Adolf Meyer den obigen Text seiner Frau Gretel vorgelesen hatte, die immer noch ein Ohr an die Wand gepreßt hielt, welche die Meyers von ihren Nachbarn, den Schnepfs, trennte. Die Schnepfs hatten drei kleine Kinder im Alter von drei, fünf und neun Jahren, ein Mädchen und zwei Buben. Frau Meyer sagte eine Weile gar nichts zu ihrem Mann, als fürchte sie, ihr könne irgendetwas in der Nachbarswohnung entgehen, wenn sie jetzt den Mund aufmachte und redete. Ihr Mann saß am Küchentisch und hatte einen Schreibblock vor sich liegen. Schon seit drei Wochen notierten sich die Meyers alle Geräusche, die von nebenan zu ihnen drangen. Das hatte ihnen sogar der Mieterverein geraten. Nur dann könne man etwas gegen die lärmende Familie mit ihren von früh bis spät schreienden Kindern unternehmen.

Herr und Frau Meyer lösten sich mehrmals am Tag beim Protokollführen ab. Einmal preßte er sein Ohr an die Wand, dann war sie wieder an der Reihe. Nachdem gutes Zureden nichts geholfen hatte, hatten sie sich zu dieser Maßnahme entschlossen.

Jetzt hörte Frau Meyer wieder etwas.

»Etz telefonierens ganz laut. Iich kann jedes Wort verstäihn! Hopp, schreibs gleich auf!«

Ihr Mann ließ es sich nicht zweimal sagen. Er warf einen Blick auf seine Armbanduhr, die genau auf Radiozeit eingestellt war, und notierte dann:

»21.15 Uhr: lautes Telefonieren. Jedes Wort ist zu verstehen!«

Es kam an diesem Abend noch zu drei weiteren Einträgen:

»22.00 Uhr: Niesen und Husten direkt vor der Wand,
22.30 Uhr: Türenschlagen, obwohl sich die Mieter laut Hausordnung ab 22.00 Uhr ruhig verhalten sollen,
23.00 Uhr: Kindergeschrei.«

Und dann wurde es auch in der Nachbarswohnung ruhig. Die Meyers fielen todmüde in ihr Bett: Wieder einmal war ein ereignisreicher Tag zuende gegangen.

Und der morige versprach um keinen Deut anders zu werden.

Frau Meyer hatte das Ganze schon kommen sehen, als die Schnepfs vor gut einem halben Jahr eingezogen waren. Es war im Hause bisher üblich gewesen, daß sich die neuen Mieter bei allen Parteien vorstellten, aber die Schnepfs hatten das nicht für nötig befunden. Sie waren einfach eingezogen, und noch dazu mit drei kleinen Kindern, obwohl im ganzen Haus nur so ruhige Mieter wie die Meyers wohnten. Außer der stillen Frau Weiß im zweiten Stock, die als Sekretärin in einer Kugellagerfabrik arbeitete, waren alle Mieter längst im Ruhestand. Aber jetzt war es um ihre Ruhe geschehen. Schon um 6.30 Uhr wurden die Meyers durch ein auf Höchstlautstärke eingestelltes Radio aus ihren Betten gerissen. Frau Meyer übernahm die erste Tageshälfte und führte das Protokoll. Bald hatten sie es geschafft. Jetzt mußten sie nur noch eine Woche lang durchhalten und jedes Geräusch, das zu ihnen herüberdrang, dingfest machen. Und dann konnte man das Protokoll endlich dem Gericht übergeben. Frau Meyer freute sich heute schon darauf, was die Schnepfs für Augen machen würden, wenn sie das Kündigungsschreiben erhielten! Zwischen zwei Einträgen blieb ihr gerade soviel Zeit übrig, daß sie ihrem Mann einen Einkaufszettel schreiben konnte. Einer mußte ja einkaufen gehen, denn zwischendurch mußte man ja auch etwas essen.

Am Vormittag ging es nebenan verhältnismäßig ruhig zu, wenn man von einem gelegentlichen Türenschlagen (9.30 Uhr) und einem wieder eine Viertelstunde dauernden Ballspiel an die Wand der Meyers (10.45 Uhr) absieht.

Frau Meyer wurde schon ein wenig unruhig, als ihr

Mann nicht rechtzeitig zum Mittagessen nach Hause kam. Erst um 14.00 Uhr schellte es. Wenn der meint, daß der jetzt noch was zu essen kriegt, dann hat er sich getäuscht, dachte sich Frau Meyer und öffnete die Tür. Eine Bierfahne schlug ihr entgegen. Ihr Mann hatte getrunken. Und das am hellichten Tag! Ohne viele Worte zu verlieren, stieß er sie beiseite und ging zur Wand, die sie von den Schnepfs trennte, wo im Augenblick wieder einmal KRACHEN UND POLTERN zu hören war.

Herr Meyer steckte den Stecker, der zu einer nagelneuen Schlagbohrmaschine gehörte, in die Steckdose und ließ den Bohrer wie verrückt aufheulen. Im Nu hatte er die dünne Wand des sozialen Wohnungsbaus durchbrochen und verbreiterte das entstandene Loch so, daß man hindurchsprechen konnte.

Er las Frau Schnepf, der völlig entgeisterten Nachbarin, vor, was er sich gestern alles auf seinem Block notiert hatte:

»23. September, 7.30 Uhr: ständiges Türenschlagen,
8.00 Uhr: eine Viertelstunde lang wird ein Ball an unsere Wand geworfen,
9.30 Uhr: Schreien und Brüllen im Treppenhaus ...«

Frau Schnepf konnte noch so laut schreien. Herr Meyer ließ sich nicht unterbrechen.

Tierliebe

Frau Aumüller mochte die kleinen gelben Kanarienvögel, die man in einen Käfig sperren kann. Und wenn man ihnen Futter gibt, dann piepsen sie. So viel Glück hatte sie mit den Menschen nicht. Die machten nie, was man wollte.

Mit der Zeit wurde Frau Aumüllers Kanarienvogelsammlung immer größer. Vierundachtzig gelbe Knäuel piepsten in zwanzig Käfigen. Das ganze Wohnzimmer war voll davon, so daß Frau Aumüller nicht einmal mehr Platz für ihren Fernseher blieb. Aber den brauchte sie ja auch gar nicht. Sie hatte ja ihre Piepmätze, mit denen sie reden konnte. Und die machten genau das, was sie wollte. Billig waren ihre gelben Freunde nicht gerade. Fast die ganze Rente ging für Vogelfutter drauf. Aber Frau Aumüller ließ sich das nicht nehmen: Sie kaufte nur das Beste vom Besten. Wenn sie sie fütterte, las sie ihren Tierchen immer laut vor, welche Vitamine ihr Futter enthielt. Das stand nämlich ganz groß auf der Packung zu lesen. Sie wußte, daß es ihren Nachbarn natürlich nicht recht war, daß sie so viele Vögel in ihrer Wohnung hielt, aber das war ihr egal. Wenn sie jemand auf der Treppe begegnete, die zu ihrer Altbauwohnung hochführte, dann grüßte sie freundlich, aber in ein Gespräch ließ sie sich nicht verwickeln. Sie hatte ja ihre Tierchen, wenn ihr nach Unterhaltung zumute war.

Das Haus, in dem Frau Aumüller wohnte, war um die Jahrhundertwende erbaut worden. Es hatte den Krieg auf wunderbare Weise unbeschadet überstanden. Wenn gegen Abend die Hausbewohner vom Geschäft heimkamen, blieben sie oft noch eine Weile auf der Treppe stehen und unterhielten sich miteinander. Frau Rauscher, die in einer Brauerei als Sekretärin arbeitete, unterhielt sich mit Frau Angerer, die tagsüber in einem Supermarkt an der Kasse saß:

»Hamm Sie eingli däi Wochn ämall die Frau Aumüller gsäing?«

»Naa, iich hobs ned gsäing.«

Frau Weidner tauchte auf. Sie trug ihren drei Monate alten Sohn die Treppe hoch. Er schlummerte friedlich in seinem Körbchen.

»Ach, is der goldich!« sagte Frau Rauscher.

»Am brävsten senns, wenns schloufn!« fügte Frau Angerer hinzu.

Frau Rauscher wechselte das Thema: »Frau Weidner, hamm Sie die Frau Aumüller gsäing?«

»Scho ewich nimmer. Vielleicht is fortgfohrn«, sagte die Angesprochene.

»Däi kann doch ned fortfohrn mit ihre Haufn Vögel in der Wohnung«, gab Frau Angerer zu bedenken.

»Wenns ned fortgfohrn is, nou is derhamm«, folgerte Frau Rauscher.

»Der wird doch nix passiert saa?« fragte sich Frau Angerer: »Neili houi glesn, dou is ä Frau ä Verteljohr lang tout in ihrer Wohnung gleeng, und kanner hout gwißt, daß tout is. Nerja, des wohr ja aa ä Hochhaus, wou kanner inn andern kennt. Ba uns kummert suwos ned vuur.«

»Soll mer ämall ba ihr schelln?« fragte Frau Weidner besorgt und streichelte den Kopf ihres Kleinen, denn er war von der Unterhaltung längst aufgewacht.

»Des is gohr ka schlechte Idee«, sagte Frau Rauscher. Sie gingen ohne Umschweife zu Frau Aumüllers Wohnung in den vierten Stock hoch und schellten.

»Vielleicht houts ihr Klingel abgstellt?« fragte Frau Angerer.

»Des glaubi ned!« sagte Frau Rauscher, die ihr Ohr an die Wohnungstür preßte.

»Hörns wos?« fragte Frau Weidner.

Nun preßte auch Frau Angerer ihr Ohr an die Wohnungstür. »Däi machn vielleicht einen Krach, dai Kanoorienvögel. Dou verstäiht mer ja sei eings Wort nimmer! Etz klopfi ämall an die Tür. Vielleicht gibts dann ä Antwort.«

Gesagt, getan, aber Frau Aumüller zeigte sich nicht, so sehr die drei Frauen auch klopften und der Kleine in seinem Körbchen auch schrie. Sie beratschlagten eine Weile, was man jetzt noch tun könne, dann gingen sie zu Frau Rauscher in die Wohnung und riefen die Polizei an, die eine halbe Stunde später eintraf. Mit einem Dietrich verschafften sich zwei Polizeibeamte Zugang zu Frau Aumüllers Wohnung. Die drei Frauen warteten mit dem schreienden Kind im Hintergrund. Sobald die Wohnungstür geöffnet war, flog ein Schwarm von tschilpenden Kanarienvögeln ins Treppenhaus. Alle vierundachtzig Kanarienvögel waren aus ihren zwanzig Käfigen ausgebrochen. Frau Aumüller saß, über und über mit Vogelkot bedeckt, zusammengekauert in der hintersten Ecke ihres Wohnzimmers. In ihrem Haar hatten ein paar von ihren Lieblingen sogar ein Nest gebaut.

Der Papagei

Ein Mini-Roman

Erstes Kapitel

Die Birkenstraße ist eine ruhige Straße am Stadtrand von Nürnberg. Wo vor zehn Jahren noch ein paar mickrige Bäume eines winzigen Wäldchens in den fränkischen Himmel ragten, stehen jetzt lauter Reihenhäuser, einander zum Verwechseln ähnlich. Das Haus in der Birkenstraße 11 – Fachleute sprechen von einem sogenannten Doppelhaus – teilen sich die Familien Habermeier und Fischer. Die Habermeiers sind ein kinderloses Ehepaar. Die Fischers haben eine achtjährige Tochter Christina und einen zehnjährigen Sohn Mathias. Bis vor vier Wochen lebten sie in nachbarschaftlicher Eintracht nebeneinander.

»Drecksau! Drecksau!«

Die Fischers hatten es sich wieder einmal auf ihrer Terrasse gemütlich gemacht. Es war ein schöner Samstagnachmittag im Juni. Die Sonne schien. Eine Amsel hüpfte im gepflegten Rasen umher, nach Würmern Ausschau haltend. Mathias und Christina hatten, sehr zur Freude ihrer Eltern, den Kaffeetisch gedeckt. Man wollte sich gerade den frisch gebackenen Erdbeerkuchen mit Sahne schmecken lassen.

»Drecksau! Drecksau!«

Frau Fischer rührte ihren Kuchen nicht an, Herr Fischer rührte schon seit geraumer Zeit in seiner Kaffeetasse, obwohl der Zucker längst aufgelöst war. Unvermittelt stand Frau Fischer vom Tisch auf, um ins Haus hineinzugehen. Vor der Glastür drehte sie sich jedoch noch einmal um, und dann brach es mit einmal aus ihr heraus. Sie fing an zu weinen:

»Iich halt des einfach nimmer aus!«

»Drecksau! Drecksau!«

»Hör doch einfach ned hii«, versuchte sie ihr Mann zu trösten und rührte weiter in seinem Kaffee.

Aber sie wollte sich nicht trösten lassen: »Seit vier Wochen gäiht des etz scho su zou. Und iich soll ned hiihörn? Iich hör doch nix anders mehr!«

»Mama, hock di halt widder her. Dei Erdbeerkoung is fei echt stark«, sagte ihr Sohn Mathias anerkennend.

»Drecksau! Drecksau!«

»Iich miich herhockn? Ihr habt vielleicht Nervm! Sacht blouß, ihr hört des ned?« Mit einem tiefen Seufzer ließ sie sich wieder auf den Stuhl fallen, den sie eben verlassen hatte.

»Iich hörs scho«, sagte die Tochter Christina, die vor ein paar Tagen erst acht Jahre alt geworden war, »obber iich hör ned hii!« Frau Fischer hörte auf zu weinen, doch die Wut, die in ihr kochte, wurde immer stärker: »Des is doch ka Zustand! Mir könner doch ned su tou, wäi wemmers ned hörn!«

Die Amsel hüpfte über den niedrigen Jägerzaun zu den Habermeiers hinüber. Aber Frau Fischer nahm davon keine Notiz. Sie betrachtete ihren Mann, der ihrem Blick auswich und immer noch in seiner Kaffeetasse rührte.

»Gerd, du moußt endlich ämall wos unternehmer!«

Herr Fischer erschrak so, daß er mitten im Umrühren innehielt: »Iich? Wos unternehmer?« er machte ein Gesicht, als sei er gerade noch einmal einem Attentat auf sein Leben entkommen.

»Wer denn sunst?« hakte Frau Fischer nach und fixierte ihn scharf, denn er hatte wieder angefangen, ganz mechanisch in seiner Kaffeetasse herumzurühren. Doch dann legte er auf einmal den Löffel auf die Untertasse, nahm einen Schluck Kaffee, lehnte sich in seinem Korbsessel zurück, um seine innere Ruhe wiederzuerlangen und ging allmählich zu seiner Verteidigung über: »Obber dou kammer doch nix unternehmer. Däi könner doch aff ihrm Grund und Bodn machn, wos wolln.«

»Du hast ja blouß Angst, daßd wos zu innern soong moußt«, entgegnete seine Frau schwer enttäuscht, daß er ihre Empörung nicht teilte, obwohl sie sonst alles teilten. Da mußte sie schon stärkere Geschütze auffahren, um ihn aus der Reserve zu locken! »Wenn iich der Mann wär, iich hätt scho längst wos unternommer!« »Iich aa!« fügte Mathias hinzu, der immer gern stichelte, wenn sich seine Eltern in der Wolle hatten. Jetzt war es mit Herrn Fischers innerer Ruhe aus, die er dadurch gewonnen hatte, daß er sich zurückgelehnt hatte. Er wurde langsam wütend: »Du hältst dein Mund, Mathias, des, wos mir zu besprechn hamm, gäiht blouß der Mama und miich wos oo. Dermiit des klor is!« Aber Mathias, der so schnell nicht klein beigab, ließ sich nicht den Mund verbieten. Die Redeweise seiner Mutter kopierend, warf er in die Debatte: »Wenn iich ä Steinschleuder hätt, hättinn scho längst derschossn!«

Herr Fischer nahm diese aufsässige Bemerkung erst gar nicht zur Kenntnis. »Iich moumi die ganze Wochn im Büro mit die Lait rumärchern.« Er hatte wieder den Kaffeelöffel in der Hand und spielte mit ihm herum: »Am Wochenend willi mein Rouh! Und außerdem semmer bis etz mit die Habermeiers gout drauskummer!«

»Des is aa ä Einstellung«, sagte seine Frau, die auf etwas gewartet hatte, was dann doch nicht eingetreten war.

»Des is mir worscht, wos des is!« brüllte ihr Mann zurück, dem diese Bemerkung endlich zuviel des Guten war. Er knallte seinen Löffel auf den noch unangetasteten

Erdbeerkuchen, daß die Sahne nur so wegspritzte und das frischgewaschene Tischtuch bekleckerte, und ging wutschnaubend ins Haus. Jetzt war endlich wieder die Stimme dessen zu vernehmen, der diesen Streit verursacht hatte.

»Drecksau! Drecksau!«

Es war ein Papagei, der ausgerechnet immer dann, wenn die Fischers in Ruhe Kaffee trinken wollten, auf der Terrasse der Habermeiers in seinem metallenen Käfig just jenes unflätige Wort gröhlte. Und das schon seit vier Wochen! Kein Wunder, daß die Fischers, mit Ausnahme der Kinder, die dem Ganzen noch einen Spaß abgewannen, nervlich am Ende waren.

»Drecksau! Drecksau!«

Mathias, Christina und ihre Mutter saßen lange schweigend da und tranken ohne ihren Vater Kaffee beziehungsweise Kakao.

Plötzlich erhob sich nebenan ein ungeheurer Krach. Drei verschiedene Stimmen ließen sich unterscheiden. Der Papagei kreischte noch schriller als je zuvor. Mathias stand auf und spähte durch eine Ritze in der Holzwand, welche die Terrasse der Fischers von der der Habermeiers trennte. Christina stand auf. Sie wollte ihren neugierigen Bruder wegdrängen, um auch etwas mitzubekommen: »Iich will aa wos säing!«

Aber Mathias wich nicht von der Stelle: »Iich sooch der scho, wossi siich«, sagte er, »obber bis etz siichi nix. Iich hör blouß wos!«

Während ihre beiden Kinder vor Neugier platzten, saß ihre Mutter völlig teilnahmslos in ihrem Korbstuhl, als ginge sie das Ganze nichts mehr an. Es dauerte gar nicht lange, und die drei Personen, von denen man bisher nur die Stimmen gehört hatte, betraten die Nachbar-Terrasse. Eine davon war Mathias Vater. Die anderen waren

Herr und Frau Habermeier, die, obwohl es dafür noch etwas zu kühl war, schon Badesachen anhatten. Nun konnte auch Frau Fischer hören, was nebenan vor sich ging. Sie löste sich wieder aus ihrer Apathie und lauschte.

»Sie könner doch ned verlanger, daß mir bei dem schäiner Wetter unsern Papagei in Keller sperrn«, sagte Herr Habermeier, der Nachbar.

»Iich verlang blouß, dasser endli sein Schnobel hält!« hörte Frau Fischer ihren Mann mit zorniger Stimme sagen. So resolut hatte sie ihn noch nicht erlebt. Endlich hatte sie einen Grund, stolz auf ihn zu sein. Ihre Wangen röteten sich. Der Papagei, der an allem schuld war, zeterte ununterbrochen weiter, aber das machte Frau Fischer jetzt nichts mehr aus, denn ihr Gerd hatte es ihnen endlich gegeben! Nun ergriff Frau Habermeier, die Nachbarin, das Wort: »Wos könner mir denn derfür, wennerm sei früherer Besitzer solche Wörter beibracht hout! Mir hammern ja erscht seit vier Wochen.«

»Nou klebmsm halt sein Schnobel mit Hansaplast zou!« schlug Herr Fischer, immer noch in Rage, vor.

»Mir senn doch kanne Tierquäler«, antwortete Frau Habermeier prompt: »Uns is des ja aa ned reecht, dasser dauernd des Wort sacht, obber irchendwann wirder scho widder ämall dou dermiit aufhörn …«

Damit ließ sich Herr Fischer aber nicht abspeisen, geschweige denn beruhigen. Er wurde nun erst recht fuchsteufelswild: »Wenn Ihr Papagei bis morng nachmittooch ummer dreier ned sein Schnobel hält, dann zeing mer Sie wecher Ruhestörung oo. Und wecher Hausfriedensbruch aa! Jawoll, des machmer!«

Einen solchen Wutausbruch hatte Mathias seinem Vater gar nicht zugetraut. Er klatschte ihm von seinem Beobachtungsposten aus begeistert Beifall. Seine Schwester schloß sich ihm an, und Frau Fischer, die, stolz wie ein

Honigkuchenpferd, vor sich hinstrahlte, wandte sich nun endlich mit sichtlichem Appetit ihrem selbergebakkenen Erdbeerkuchen mit den ersten Früchten aus dem eigenen Garten zu.

Zweites Kapitel

Der nächste Tag war ein Sonntag, der seinem Name Ehre machte. Es war herrlich warm auf der Terrasse. Die Fischers hatten nun auch zum erstenmal in diesem Jahr Badesachen an. Sie hatten es sich wieder in ihren im Sonderangebot eines Verbrauchermarktes gekauften Korbstühlen gemütlich gemacht, um die zweite Hälfte ihres Erdbeerkuchens zu verspeisen. Diesmal hatte die Mutter den Tisch gedeckt, aber Mathias und Christina hatten eigens mit Omas Weihnachtsgeschenk, einem elektrischen Mixer, frische Schlagsahne geschlagen. Herr Fischer löffelte genüßlich den letzten Rest von Schlagsahne von seinem Kuchenteller und ließ sie auf der Zunge zergehen. Nebenan war es vollkommen still. Die Amsel hüpfte herüber, um auch noch den Rasen der Fischers nach Würmern zu inspizieren.

Plötzlich zerriß ein furchtbares Kreischen die Stille: »Fischer, Drecksau! Fischer, Drecksau!«

Drittes Kapitel

Herr Habermeier schaltete mit seiner Fernbedienung den Farbfernseher, der sich in einer altdeutschen Regalwand befand, aus. Ein »Tatort« war soeben zuendegegangen. Kommissar Schimanski war es wieder einmal gelungen, einen besonders miesen Verbrecher zur Strecke zu bringen. Frau Habermeier erhob sich von ihrem Stuhl, um die leergetrunkene Flasche Rödelseer Küchenmeister und die beiden Gläser nach nebenan in die Küche zu bringen. Herr Habermeier verstaute noch schnell die Fernsehzeitschrift, die aufgeschlagen auf dem Couchtisch lag, in einer Schublade der altdeutschen Regalwand und ging dann ebenfalls in die Küche. Vor dem Kühlschrank umarmte er seine Frau und flüsterte ihr ins Ohr: »Haster scho mall überleecht, daß mer uns des allers ned leistn könnertn, wemmer Kinder hättn? Schau der doch blouß ämall die Fischers oo. Iich glaub ned, daß däi am Sunntoochohmd enn Franknwei trinkn könner.«

»Bei dennern hätti hait ä Meisler saa meeng!« sagte Frau Habermeier und drückte ihrem Mann anerkennend ein Küßchen auf die Backe: »Daß die Emma dennern ihrn Noomer su schnell lerner tout, des hätti fei werkli ned denkt!« Emma also hieß dieser vermaledeite Vogel!

»Etz mäimern obber widder reiholn«, sagte Herr Habermeier und ließ seine Frau wieder los, »ned, dassersi dou draußn nu verkühln tout.«

Frau Habermeier steckte die beiden Weingläser vorsichtig in die beinahe schon randvolle Spülmaschine, goß ein wenig Klarspüler in den dafür vorgesehenen Verschluß, vergaß auch nicht, etwas Reiniger in eine Vertiefung zu schütten und die dazugehörige Klappe zu schließen, und stellte die Maschine auf Stufe drei ein. Schonwaschgang.

Da kam ihr Mann plötzlich, völlig außer sich, in die Küche gerannt.

»Die Emma!«

»Wos is mit der Emma?« fragte Frau Habermeier etwas lauter als sonst, weil gerade in diesem Augenblick die Spülmaschine losratterte.

»Die Emma!« Er brachte offensichtlich nur diese beiden Worte heraus. »Die Emma!«

Seiner Frau blieb nichts anderes übrig, als selbst auf die Terrasse zu rennen. Er hörte sofort ihren markerschütternden Schrei. Der Papagei war nicht mehr in seinem Käfig. Nun hatte es seine Sonja also auch gesehen. Einen Augenblick später kam sie wieder in die Küche zurück: »Des wohrn die Fischers. Obber des mäins büßn. Waßt, wos du etz machst? Du rufst etz sofort die Polizei oo!«

Viertes Kapitel

Ein wenig später hielt tatsächlich ein Streifenwagen vor der Fischerschen Hälfte des gemeinsamen Doppelhauses. Zwei Polizisten stiegen aus und schellten. Herr Fischer öffnete, schon im Schlafanzug, die Haustür und schaute sie mit großen Augen ungläubig an. Nicht einmal »Guten Abend!« konnte er sagen. Der Wortführer unter den beiden Polizisten brach aber dann doch das Schweigen: »Mir hamm ä Oonzeich geeng Sie. Sie solln inn Käfich vom Papagei vo ihre Nachbarn aufgmacht hoom, dasser dervoofläing koo.« Nun erschien auch Frau Fischer im Hausgang, mit Lockenwicklern im Haar. Aus ihrem Bademantel schaute unten ihr schlichtes, weißes Nachthemd hervor: »Wos is, Gerd?«

Der völlig verdatterte Hausherr nutzte die Gelegenheit, um sich bei seiner Frau auszuweinen: »Die Habermeiers hamm uns oozeicht. Dennern is ihr Papagei dervoofluung, des freche Luder. Und dou derbei wollt iich däi morng fräih selber oozeing!«

»Etz verstäihi gohr nix mehr«, sagte da der Redegewandtere unter den beiden Polizisten: »Sie wolltn jemand oozeing, obwohl Sie vo däi Betreffenden oozeicht worrn senn.«

»Genau!« antwortete Herr Fischer wie aus der Pistole geschossen: »Wohner Sie ämall neber Lait, wou der Papagei inn ganzn Tooch blouß »Drecksau« schreit. Wenn des ka Ruhestörung is, nou waaßi nimmer, wossi song soll.«

Allmählich dämmerte es dem Wortführer unter den beiden Polizisten: »Aha, Sie wolltn also Ihre Nachbarn oozeing, weil der Papagei mit solche Ausdrück wäi ... iich glaub, iich brauch den Ausdruck ned wiederholn, um sich schmeißn tout ...«

»Genau!« Nun unterbrach Frau Fischer die Ausführungen der Polizei. Deswegen fuhr der Beamte etwas verärgert fort: »... und die Habermeiers senn Innern obber zuvorgekommen und hamm Sie oonzeicht ...« Der Polizist war mit seinem Latein am Ende. Er schaute seinen Kollegen an und fragte: »Fritz, wos maanst, soll mer ämall ä Hausdurchsuchung machn?«

»Des werd es Beste saa«, meinte sein eher etwas zurückhaltenderer Kollege, »weil ä Verdacht is ja gegebm und ä Verdunkelungsgefahr aa.«

»Bitte, kummers ruhich rei«, forderte Herr Fischer sie auf, »soungs halt den Papagei, wenns unbedingt maaner.«

Nun kamen auch Christina und Mathias die Treppe herunter und rieben sich den Schlaf aus den Augen. Die Polizisten machten sich sofort an die Arbeit. Umständlich durchkämmten sie das Haus vom Keller bis zum Dachboden. Sie öffneten hastig alle Schranktüren und vergaßen auch nicht, im Kühlschrank nachzuschauen. Im Kinderzimmer grinste sie ein Affe aus Plüsch ganz frech an, aber von einem Papagei keine Spur! An der Tür sagte der der Sprache mächtige Polizist noch einmal entschuldigend zu Herrn Fischer: »Sie mäin scho verstäih, daß mir jedm Hinweis nachgäih mäin. Mir toun blouß unser Pflicht.« Und sein schweigsamer Kollege murmelte noch etwas von einer »Verdunkelungsgefahr.«

Frau Fischer und die Kinder begaben sich wieder nach oben, um die gestörte Nachtruhe fortzusetzen. Herr Fischer schaute den Gesetzeshütern noch eine Weile nach. Sie standen mit verdrossenen Gesichtern vor der Gartentür der Habermeiers und beratschlagten, was zu tun sei. Nach einigem Hin und Her schellten sie aber doch.

Fünftes Kapitel

Am darauffolgenden Tag, dem Montag, wären die Habermeiers am liebsten nicht ins Geschäft gegangen. Sie arbeiteten beide im Finanzamt, er in der Einkommensteuer und sie in der Lohnsteuer. Der Tag schleppte sich noch qualvoller hin als sonst. In der Mittagspause sahen sie sich endlich wieder. Die Aufregung um ihre Emma hatte sich ihnen auf den Magen geschlagen.

Sie saßen sich in der Kantine gegenüber und stocherten lustlos im Essen herum. Frau Habermeier beklagte sich bitterlich über die Unfähigkeit der Polizei. Um sie zu trösten, entwarf ihr Gemahl schließlich den Text einer Vermißtenanzeige, die er an alle noch verbliebenen Bäume der Reihenhaussiedlung rund um die Birkenstraße zu hängen gedachte. Sie hatte folgenden Wortlaut: »Papagei entflohen! 100 DM Belohnung!« Und dann folgte noch die Angabe ihrer Adresse und die Telefonnummer, über die sie tagsüber und abends jeweils zu erreichen seien. Frau Habermeier versprach sich nicht gerade viel davon, doch ihr Mann konnte sie immerhin davon überzeugen, daß man jetzt nichts mehr unversucht lassen dürfe, wo die Polizei so jämmerlich versagt habe. Nachdem man sich noch einmal gegenseitig beteuert hatte, daß die Fischers an allem schuld seien, machten sie sich wieder an ihre Arbeit. Er ging in sein Büro in der Einkommensteuer und sie in die Lohnsteuer. Dort tippte Herr Habermeier seine Vermißtenanzeige fein säuberlich mit der Schreibmaschine ab und ließ sie auf Kosten des Finanzamtes fünfzigmal fotokopieren. Am Abend hefteten sie die Zettel, bis tief in die Nacht, mit Reißnägeln an alle verfügbaren Bäume, so daß sie jedem Bewohner der Siedlung sofort auffallen mußten. Ein Spaziergänger, der um diese späte Stunde noch mit seinem Hund unterwegs war, gab an, einen Papagei gesehen zu haben – allerdings in der Altstadt, unweit der Pegnitz, aber er könne sich auch täuschen.

Sechstes Kapitel

Wieder verging ein Tag, der sich genauso lang und qualvoll dahinschleppte wie der vorhergehende. Niemand hatte sich auf ihre Vermißtenanzeige gemeldet. Frau Habermeier hatte die Hoffnung, Emma jemals wiederzusehen, schon längst aufgegeben, da fand Herr Habermeier einen in Nürnberg abgestempelten Brief ohne Absender im Briefkasten liegen. Er riß ihn sofort auf. Ganz im Stil alter Erpresserbriefe hatte jemand Buchstaben aus der Zeitung ausgeschnitten und auf einen Bogen Papier geklebt. Es war gar nicht so einfach, den Text zu entziffern, da die Buchstaben unterschiedlich groß waren. Der zusammengeschnipselte Text lautete folgendermaßen: »Wenn Sie Ihren Papagei lebend wiederhaben wollen, müssen Sie morgen um 21 Uhr in einer leeren Zigarettenschachtel im Papierkorb Ecke Eichen- und Buchenstraße 500 DM hinterlegen. Aber bitte keine Polizei!«

Darunter war – mit Hilfe von Tesafilm – eine leuchtend rote Feder aus dem Gefieder eines Papageis befestigt. Frau Habermeier freute sich über dieses Lebenszeichen von Emma. Sie konnte wieder hoffen. Herr Habermeier verdächtigte erneut die Fischers, aber seine Frau widersprach: »Iich glaub ned, daß des die Fischers wohrn. Däi hamm doch Kinder!«

»Vielleicht wohrns ihre Kinder. Des sicht dennern doch gleich«, insistierte Herr Habermeier.

»Iich glaub ned, daß Kinder suwos fertigbringer.«

»Kinder sind zu allerm fähig«, antwortete ihr Mann, faltete den Brief mit der Lösegeldforderung wieder zusammen und steckte ihn in den Umschlag.

Siebtes und letztes Kapitel

Der nächste Tag verging noch viel qualvoller – fast wie in Zeitlupe. Frau Habermeier zitterte vor Angst, als ihr Mann die vorgeschriebene Zigarettenschachtel mit den fünfhundert Mark in den fraglichen Papierkorb Ecke Eichen- und Buchenstraße warf. Es war genau 21 Uhr oder vielleicht auch schon etwas drüber. So schnell sie konnten, gingen sie nach Hause und betraten die Terrasse, auf der immer noch der Käfig ihres Papageis stand. Frau Habermeier stieß einen Freudenschrei aus, als sie Emma in ihrer vollen Lebensgröße und schillernden Buntheit im Käfig erblickte. Herr Habermeier klopfte ganz sachte ans Gestänge und sagte mit zärtlicher Stimme: »Ner, du alte Drecksau!« Aber der Papagei mußte leider die Antwort schuldig bleiben, wer ihn nun eigentlich entführt hatte. Er war ausgestopft.

Im Affenhaus

Wenn es draußen wieder kalt wird, am späten Nachmittag im Winter, sind alle Bänke im völlig überhitzten, den tropischen Temperaturen angepaßten Affenhaus bis zum letzten Platz von älteren Damen besetzt. Manche wärmen sich nur auf, obwohl sie sich mit schweren Pelzmänteln und den dazugehörigen Mützen oder Hüten vor der winterlichen Kälte geschützt haben. Manche brüten nur vor sich hin und lassen, an ihren Handtaschen nestelnd, die Vergangenheit vor ihrem inneren Auge Revue passieren. Manche aber, und das ist wahrscheinlich die Mehrzahl unter ihnen, betrachtet lange und ausdauernd die Orang-Utans und Gorillas, die ebenso apathisch, durch Gitterstäbe und eine Glaswand von ihnen getrennt, vor sich hinbrüten.

Gegen vier Uhr, kurz nach der Fütterung der Affen, kommt etwas Abwechslung in das ansonsten so triste Vergnügen der älteren Damen, denn dann bietet sich ihnen, mit schöner Regelmäßigkeit, ein äußerst merkwürdiges Schauspiel dar. Eine äußerlich unscheinbare ältere Dame mit einem Persianer, der schon bessere Tage gesehen hat, fängt just vor dem Käfig, in dem 1972 das Gorilla-Weibchen Lomela geboren ist, zu tanzen an. Mit den seltsamsten Verrenkungen versucht sie die Aufmerksamkeit der Gorilla-Dame auf sich zu lenken. Während sie tanzt, stößt sie eigenartige Laute aus, die an die Beschwörungsrituale von Indianertänzen erinnern. Die älteren Damen auf den Bänken können nicht umhin zu grinsen. Lomela scheint die Frau von ihren Auftritten vor ihrem Käfig her zu kennen und bewegt sich dann ebenfalls in einer merkwürdigen Art und Weise, was die Tänzerin sofort mit Händeklatschen und Bravo-Rufen quittiert. Sobald die Affen-Dame aber mit ihren kaum behaarten Fingern ihre Geschlechtsteile oder gar die Afteröffnung berührt, hört ihr Gegenüber schlagartig zu tanzen auf, um ganz empört »Pfui!« zu rufen.

»Pfui, Lomela. Suwos macht mer doch ned! Pfui! Des wenn dei Mutter wüßt. Däi kenni fei aa.«

Einmal machte ein junger Mann, den das seltsame Gebaren der älteren Dame wohl störte, seiner Frau gegenüber, die ihn auf dem Rundgang durchs Affenhaus begleitete, eine etwas abfällige Bemerkung: »Des is ja die reinste Affenliebe!«

Die ältere Dame hörte mit einem Mal zu tanzen auf und wandte sich sogleich an den jungen Mann, wobei alles, was sich in ihr an lebenslangen Frustrationen aufgestaut hatte, sich in einem gewaltigen Ausbruch entlud:

»Iich hou genausu Eintritt bezohlt wäi Sie. Des gäiht Sie gohr nix oo, wos iich dou mach. Mir zwaa, die Lomela und iich, mir senn wäi Mutter und Tochter. Mir ghörn zamm. Däi verstäiht mi, und iich verstäih sie. Miich hout nu ka Mensch in meim ganzn Lebm su gout verstandn wäi der Aff. Die Tiere senn suwisu viel besser wäi ihr Menschn! Dou brauchi doch blouß Sie ooschauer ...«

Da blieb dem völlig verdatterten jungen Mann und seiner Frau nichts anders übrig, als weiterzugehen und die ältere Dame stehen zu lassen. Es dauerte noch eine Weile, bis ihr Ausbruch endgültig beendet war. Die älteren Damen, die immer noch auf ihren Bänken saßen und sich aufwärmten, kicherten vor Schadenfreude. Noch so ein kleiner Vorfall, und der Tag vor der Tagesschau war wieder einmal gerettet!

Der Müll

Die Heimhubers Margareth' entwickelte nach dem Tod ihres Mannes eine seltsame Sammelleidenschaft. Es begann damit, daß sie das vom Boden aufhob, was andere weggeschmissen hatten. Egal, was es auch immer war, ob es sich um einen Kronenkorken handelte oder um eine leere Zigarettenschachtel, die den Geschmack von Freiheit und Abenteuer versprach – die Margareth' hob es auf, prüfte es kritisch, steckte es in eine Plastiktüte und nahm es mit nach Hause in ihren Bauernhof, wo sie es dann in der Scheune aufbewahrte. Alles mußte seine Ordnung haben. Die Kronenkorken kamen auf einen Haufen, und die Zigarettenschachteln stapelte sie sorgfältig, nach Marken getrennt. Am Anfang war das Ganze noch eine harmlose Freizeitbeschäftigung. Tagsüber versorgte sie ihre zwei Kühe, die ihr noch geblieben waren. Am späten Nachmittag zog sie los. Sie besuchte noch schnell das Grab ihres Mannes, goß die Blumen und betrachtete voller Stolz den Grabstein, der sie allein vier Kühe gekostet hatte. Zwei weitere waren für den Sarg draufgegangen. Vom Friedhof aus erreichte sie auf einem sandigen Feldweg den nahegelegenen Wald. Nichts entging ihren wachen Eidechsenaugen. Einmal entdeckte sie eine völlig verrostete Cola-Dose, die in einem Schlehenbusch hängengeblieben war. Hin und wieder fand sie auch Patronenhülsen vom letzen Krieg. Ihre Plastiktüten füllten sich. In der Dämmerung kehrte sie ins Dorf zurück. Manchmal hing ein alter Autoreifen um ihren Hals.

Es sprach sich natürlich sehr schnell herum, was die Margareth' da so trieb. Man fing an, sie zu hänseln, als man sie dabei erwischte, wie sie in den Mülltonnen ihrer Nachbarn herumstocherte. Bald wußte das ganze Dorf davon. Wenn sie abends, schwer beladen mit Plastiktüten, die Hauptstraße entlangging, schrieen ihr die Kinder hinterher:

»Die Müllabfuhr kummt! Die Müllabfuhr kummt!«

Margareth' drehte sich nicht einmal um. Es war ihr egal, was die Leute von ihr hielten. Ihre Sammelleidenschaft steigerte sich bis zur Besessenheit. Allmählich reichte die Zeit nach Feierabend nicht mehr aus. Sie verkaufte ihre beiden Kühe. Jetzt hatte sie Zeit genug. Bald türmten sich im Kuhstall Berge von Kleidungsstücken, die eigentlich für die Altkleidersammlung des »Roten Kreuz« bestimmt waren. Altes Schuhwerk kam kurzerhand in den Schweinestall. Die Schnürsenkel bewahrte sie in ehemaligen Marmeladengläsern auf.

Margareth' nahm alles mit, was nicht niet-und-nagelfest war. Eine neue Welt erschloß sich ihr, die nur aus Trümmern bestand. Am meisten faszinierte sie das Innere von Fernsehgeräten, jenes Gewirr von Drähten und Röhren, das dem Laien Ehrfurcht einflößen muß. Mit der Zeit entwickelte Margareth' eine zärtliche Beziehung zu ihren weggeworfenen Gegenständen. Manchmal redete sie sogar mit ihnen. Der Spott, dem sie ausgesetzt war, wurde immer größer: »Gräiß di Gott, Marcharett! Wos, du redst wuhl nimmer mit mir? Du redst wuhl blouß nu mit deine Mülltonner?« Für die Kirchweihburschen war das natürlich ein gefundenes Fressen. Sie fuhren, Bierkrüge schwenkend und Kerwa-Lieder johlend, auf einem Leiterwagen durchs Dorf, sammelten alle Mülltonnen ein und kippten deren Inhalt einfach über Margareth's Gartenzaun. Sie hatte große Mühe, die Spreu vom Weizen zu trennen. Was sie für ihre Sammlung nicht gebrauchen konnte, vergrub sie vor den Augen zahlreicher Schaulustiger, die sich vor ihrem Haus eingefunden hatten, im Garten.

Noch ein paar Wochen später lachte man in den Wirtshäusern des Ortes über diesen gelungenen Kirchweih-Streich.

Der Müll wuchs Margareth' langsam über den Kopf. Die Scheune und der Stall waren längst voll. Ihre Küche konnte sie nicht mehr betreten. Sie war bis zur Decke vollgestopft mit Weichspülerflaschen. Margareth' war inzwischen längst dazu übergegangen, ihre Fundstücke im Garten zu stapeln. Ein riesiger Schuttberg entstand, über dem die Krähen ihre Kreise zogen. Der Gestank, der von dem Berg ausging, war unerträglich. Die Nachbarn beschwerten sich bei Margareth', drohten mit der Polizei. Doch sie baute unaufhörlich weiter. Immer wieder konnte man sehen, wie sie den Gipfel des Berges erklomm und stolz hinunterblickte. Dann ging es auf einmal nicht mehr weiter. Der Berg wuchs nicht mehr, aber der Gestank nahm auf eine Weise zu, die es den Nachbarn endlich ermöglichte, die Polizei einzuschalten. Am Fuß des Berges fand man die völlig verweste Leiche der Margareth', die offensichtlich vom Gipfel heruntergefallen war und im Todeskampf noch eine Weichspülflasche umklammert hielt.

Das Haus

Als Eichinger nach einem langen anstrengenden Tag nach Hause kam, fand er die Tür verschlossen. Der Schlüssel steckte von innen. Er schellte. Nichts rührte sich. Er schellte noch einmal. Wieder keine Antwort. Er ging ums Haus herum, nach einem geöffneten Fenster Ausschau haltend. Fehlanzeige. Nur das Klofenster war wie üblich einen Spalt breit offen. Er wollte schon ansetzen und »Erika!«, den Namen seiner Frau, durch den Spalt brüllen, verwarf aber diesen Gedanken wieder. Auch die Tür, die auf die Terrasse führte, war zu, und alle Rollläden waren heruntergelassen. Eine Wespe prallte immer wieder gegen das Wohnzimmerfenster bei ihrem vergeblichen Versuch, ins Haus einzudringen. Eichinger kam sich plötzlich genauso unsinnig wie diese Wespe vor. Seltsam. Normalerweise würde Erika an einem heißen Tag wie heute auf der Terrasse sitzen. Er wischte sich den Schweiß von der Stirn.

Eichinger war Vertreter für Bettwäsche und Rheumadecken. Den ganzen Tag hatte er trotz sengender Julihitze entlegene Dörfer in der Fränkischen Schweiz abgeklappert. Die meisten Bauern gingen ihrer Arbeit auf dem Feld nach. Nur Großmütter traf er an, deren Rükken vom jahrelangen Bücken gekrümmt waren.

»Iich hätt dou ä schäine Bettwäsch für Sie!«

»Meine junger Lait senn ned derhamm.«

»Für Sie hätti aa wos derbei. Ä schäine Rheumadeckn.«

»Iich hou scho ä Heizdeckn, obber däi hilft aa nix!«

Erst am späten Nachmittag war es Eichinger gelungen, drei Garnituren geblümter Bettwäsche an eine Großmutter zu verkaufen. Für die Aussteuer ihrer elfjährigen Enkelin.

Eichinger konnte einfach nicht anders. Er brüllte den Namen seiner Frau in den immer noch hellen Sommerabendhimmel. Es war ihm peinlich, denn die Bogners saßen gerade nebenan beim Abendessen.

»Erika, mach auf!« »Erika, mach doch bitte auf!« »Erika!« Er sah seine Erika plötzlich tot in der Badewanne liegen. Oder mit zerschmetterten Knochen am Fuße der Kellertreppe. Um sich von solchen Bildern abzulenken, brüllte er noch lauter: »Erika! Mach auf! Mach doch bitte auf!«

Vielleicht hatte sie sich nur ein wenig hingelegt und war darüber eingeschlafen? Am liebsten hätte er Steinchen zum Schlafzimmerfenster hochgeschmissen, aber im Garten der Eichingers gab es keine Steinchen. Über der Buchsbaumhecke erschien schon das schadenfrohe Gesicht von Frau Bogner. Eichinger brach mitten im Schreien ab, ging ums Haus herum, um seine Schritte zu der fünfhundert Meter entfernten Telephonzelle zu lenken. Im Vorbeigehen war es ihm, als bewege sich die Gardine des Küchenfensters. Sollte Erika ihn die ganze Zeit beobachtet haben? Was bezweckte sie damit? Nein, wahrscheinlich hatte er sich getäuscht.

Im Telephonhäuschen standen zwei halbwüchsige Mädchen. Die eine telefonierte, die andere kicherte. Eichingers Angst um seine Frau schlug in eine Wut auf die beiden Mädchen um. Er schaute demonstrativ auf seine Uhr, aber das nicht telefonierende Mädchen schaute ihn bloß mit ihren ausdruckslosen Augen an und kaute Kaugummi. Nach einer Weile wurde es ihm zu dumm. Er klopfte gegen die Tür. Es dauerte nicht lange, und die beiden Mädchen verließen unter heftigem Kichern die Telephonzelle. Eichinger warf zwei Zehnpfennigstücke in den Schlitz und wählte seine Nummer. Niemand nahm ab. Er ließ es so lange läuten, bis die Leitung wieder besetzt war. Er versuchte es noch einmal. Schon nach dreimaligem Läuten wurde abgenommen. Eichinger war so verblüfft, daß er sich nicht meldete. Er lauschte. Er wußte, daß am anderen Ende auch jemand lauschte. Warum sagte seine Frau denn nichts? Er wollte ihren Namen in den Hörer brüllen, brachte aber keinen Ton heraus. Irgendetwas schnürte ihm die Kehle zu. Er wartete schweigend, bis am anderen Ende der Leitung der Hörer aufgelegt wurde. Sowas konnte sie ihm doch nicht antun! Vielleicht hatte seine Frau den Hörer gar nicht abgenommen? Er sah sie mit weit aufgerissenen Augen an einen Küchenstuhl gefesselt sitzen. Sie konnte nicht schreien. Jemand hatte sie mit einem Heftpflaster, das fürchterlich spannen mußte, geknebelt. Ob er die Polizei anrufen sollte? Nein, jetzt durfte er nicht durchdrehen, jetzt galt es, kühlen Kopf zu bewahren.

Er ging zum Haus zurück. Der Schlüssel steckte immer noch von innen. Wieder war es ihm, als bewege sich die Gardine am Küchenfenster. Ein Teller mit belegten Broten, mit einer Käseglocke vor Fliegen geschützt, stand auf dem Gartentischchen. Jetzt nur die Nerven nicht verlieren! Er rüttelte an der Terrassentür. Es war zwecklos. Sie war genauso verschlossen wie vorher. Ob sie ihn durch die Ritzen der geschlossenen Rolläden beobachtete? Eichinger nahm die Käseglocke ab und betrachtete die Brote, als lieferten sie irgendeinen Anhaltspunkt, mit dem er schlagartig das seltsame Verhalten seiner Frau verstehen könnte.

Er drehte den Teller herum, konnte aber keine geheimnisvolle Botschaft an ihm entdecken. Die Bogners saßen immer noch auf ihrer Terrasse. Ob sie seine Frau gesehen hatten? Nein, er konnte sie nicht fragen. Er konnte sich doch nicht lächerlich machen! Und vor denen schon gleich gar nicht. Eins stand fest: Seine Frau lebte. Wer sonst hatte ihm die Brote geschmiert und liebevoll mit Gurkenscheiben garniert? Aus irgendeinem unerklärlichen Grund ließ sie ihn nicht ins Haus, sorgte sich aber gleichzeitig um sein leibliches Wohl. Was war nur in sie gefahren? Hatte er gestern nacht nach zwei Flaschen Rheinhessen etwas Falsches zu ihr gesagt? So sehr er sich auch anstrengte, er konnte sich an keine Bemerkung erinnern, die sie hätte verletzen können. Eichinger war sich keiner Schuld bewußt. Er setzte sich in seinen Korbstuhl, mit dem Rücken zur Wand. Jetzt erst merkte er, daß inzwischen die Sonne untergegangen war und die Dämmerung einsetzte. Eine Wolke strahlte im Abendrot. Das Rot ging allmählich in fahles Gelb über. Außer dem Zirpen einer Grille war nichts zu hören. Eichinger ging noch einmal ums Haus herum. Kein Laut drang nach draußen. In keinem Fenster brannte Licht. Feindselig lag das Haus da. Mit wachsender Dämmerung wurde es immer bedrohlicher. Es kam ihm vor, als sperre ihn nicht seine Frau, sondern in Wirklichkeit das Haus aus. Nur die Garage war offen. Er überlegte, ob er auf dem Rücksitz seines Wagens übernachten sollte. Im Handschuhfach fand er eine Taschenlampe, mit der er in der Garage herumleuchtete. In einem ehemaligen Schlafzimmerschrank, in dem er sein Werkzeug aufbewahrte, mußte noch sein altes Zelt sein. Am Anfang ihrer Ehe waren sie damit oft genug in der Gegend gewesen, wo er heute seine Bettwäsche verkauft hatte.

Trotz wachsender Dunkelheit gelang es ihm, das Zelt auf dem Rasen hinter der Garage aufzubauen. Das war die einzige Stelle in seinem Garten, die die Bogners nicht einsehen konnten. Er holte noch den Schlafsack, den er für alle Fälle immer im Kofferraum seines Wagens dabei hatte, erinnerte sich an die Brote, die er bisher verschmäht hatte, kroch ins Zelt und verzehrte sie mit Heißhunger.

Am nächsten Morgen wurde er durch ein ständiges Dröhnen geweckt. Das Geräusch setzte immer wieder ein, um dann wieder zu verstummen. Es war die Müllabfuhr. Er hatte verschlafen. Er müßte längst in der Fränkischen Schweiz sein und Bettwäsche verkaufen, denn um diese Tageszeit bestand noch eine Chance, die Bauern zu Hause anzutreffen. Eichinger wusch sich notdürftig unter dem Wasserhahn, nachdem er mit großer Mühe den Gartenschlauch abgeschraubt hatte. Das Haus hatte sich über Nacht nicht verändert. Die Rolläden waren immer noch heruntergelassen. Die Käseglocke stand noch immer auf dem Gartentischchen und reflektierte das Licht der Morgensonne. Eichinger ging näher heran, da sah er, daß sich auf dem Teller unter der Käseglocke ein belegtes Brot befand. Daneben leuchtete eine kleine Thermoskanne mit Kaffee rot in der Sonne. Er hob die Käseglocke hoch. Ein Frühstücksei war mit einem Eierwärmer vor Kälte geschützt. Eine liebevolle Geste seiner Frau. Genau wie die Gurkenscheiben auf den Broten von gestern abend! Was bezweckte sie damit? Wollte sie ihn prüfen, um ihn dann noch fester an sich zu binden? Eichinger beschloß, sich auf ihr Spiel einzulassen.

Als er mit seinem Wagen die Garage verließ, hatte er den Eindruck, als schaue sie ihm durch die einen Spalt breit geöffnete Haustür nach.

Die Tage vergingen. Mehr und mehr gewöhnte er sich an die veränderte Situation. Tagsüber versuchte er Bettwäsche und Rheumadecken zu verkaufen, nachts kroch er ins Zelt, nachdem er die mit Gurkenscheiben garnierten Brote seiner Frau verzehrt hatte. Am Morgen wartete das mit einem Eiwärmer warmgehaltene Frühstücksei auf ihn. Danach rasierte er sich sorgfältig mit seinem batteriebetriebenen Rasierapparat, der immer im Handschuhfach lag. Obwohl er seine Kleider nicht mehr wechseln konnte, versuchte er dennoch, auf sein Äußeres zu achten. Er durfte nicht verkommen. Diese Freude wollte er ihr nicht machen. Einmal nachts, als er wieder einmal vergeblich auf Schlaf wartete, war es ihm, als schleiche jemand ums Zelt. Er kroch sofort aus seinem Schlafsack, schob die Zeltplane am Eingang beiseite, aber niemand war da! Er hatte sich nun mal auf dieses Spiel mit seiner Frau eingelassen, nun mußte er es auch weiterspielen, obwohl er die Spielregeln nicht verstand. Er betrachtete noch lange das in der Dunkelheit vor sich hinschweigende Haus, das mit seiner Frau im Bunde war.

Die Tage entschädigten ihn für die Nächte. Je elender und ausgelieferter er sich nachts in seinem Zelt fühlte, desto erfolgreicher war er tagsüber. Alle Bauernmädchen in der Fränkischen Schweiz schienen zu heiraten. Der Verkauf von Bettwäsche stieg sprunghaft an.

Er brauchte nur seine Zauberformel: »Iich hätt ä schäine Bettwäsch für Sie«, zu murmeln, und schon wurde er fündig. Bald hatte er genügend Geld beisammen, um sich frische Unterwäsche, blütendweiße Oberhemden und bunt gemusterte Krawatten, wie er sie liebte, kaufen zu können. An seinem Äußeren durfte man keine Veränderung merken!

Als er wieder einmal, ein wenig später als üblich, abends nach Hause kam in Erwartung der mit Gurkenscheiben belegten Brote, die unter der Käseglocke lagen, fand er den Gartentisch leer. Das konnte sie doch nicht machen! Das war doch gegen die Spielregeln! Er beschloß, nun auch seinerseits die Spielregeln zu verletzen und ins Haus einzudringen. Rasch holte er eine Leiter aus der Garage, lehnte sie an die Hauswand und kletterte zum Schlafzimmerfenster hoch. Mit einem Hammer schlug er die Fensterscheibe ein, griff hindurch und öffnete es. Das Haus konnte ihm jetzt nichts mehr anhaben! Er hatte es besiegt! Mit dem Gefühl eines persönlichen Triumphes stieg er ins Schlafzimmer und knipste das Licht an. Die Ehebetten waren noch nicht für die Nacht zurechtgemacht. Vielleicht hatte sie nicht mehr in den Ehebetten geschlafen? Wo war sie überhaupt? Sie hätte doch das Klirren der Fensterscheibe hören müssen? Hatte sie sich irgendwo verschanzt, weil sie mit seinem Eindringen rechnete? Eichinger verließ das Schlafzimmer und schaltete das Treppenlicht an. Er riß die Tür des Gästezimmers auf. Nichts. Er riß die Tür des Badezimmers auf. Wieder nichts. Er ging hinunter ins Wohnzimmer.

1. Schlußversion:
Seine Frau saß in einem Sessel. Ein zufriedenes Lächeln lag auf ihren Lippen, das im Widerspruch zu ihren weit aufgerissenen Augen stand. Sie war tot.

2. Schlußversion:
Er ging hinunter ins Wohnzimmer. Fehlanzeige. Er ging in die Küche. Keine Spur von seiner Frau. Auf dem Kühlschrank sein Teller, über dem sich die Käseglocke wölbte. Er hob sie hoch. Ein Zettel lag auf dem Teller. Auf ihm stand, mit Bleistift geschrieben, in drei Druckbuchstaben: ADE.

Frau Riedelbauch

Frau Riedelbauch ist der Schrecken aller Geschäfte rund um die Deutschherrnstraße im Westen von Nürnberg. Sobald sie in einem jener kleinen Läden auftaucht, die es in diesem Teil der Stadt immer noch gibt, erfaßt die Ladeninhaber oder die Verkäuferinnen eine gewisse Nervosität, die manchmal sogar zu außerordentlichen Fehlleistungen führen kann. Es soll, in Gegenwart von Frau Riedelbauch, schon vorgekommen sein, daß zu viel herausgegeben oder zu wenig abgewogen wurde. Kinder, die von ihren Müttern mit Einkaufszetteln in die Geschäfte geschickt wurden, kamen mit völlig falschen Sachen nach Hause. Ein Maurer, der sich zu seinem Neun-Uhr-Vesper eine Flasche Bier genehmigen wollte, mußte sich verblüfft mit einer Tüte Milch zufriedengeben. Ein älterer Herr machte am Samstagnachmittag, kurz nach Ladenschluß, die Feststellung, daß sich statt der fünf Sechziger-Zigarren, die für das ganze Wochenende reichen sollten, fünf dicke Filzschreiber in der Tüte befanden.

Was hat denn Frau Riedelbauch an sich, daß sie Ladeninhaber und Verkäuferinnen gleichermaßen so verwirrt? Eigentlich gar nichts, denn Frau Riedelbauch ist die Unscheinbarkeit in Person. Tagein tagaus trägt sie dieselbe, schon völlig verwaschene Kittelschürze, die vor langer Zeit einmal braun gewesen sein dürfte, aber das hindert sie nicht daran, ihre Hände in die Schürzentasche zu stemmen. Das ist die von ihr bevorzugte Haltung, wenn sie sich in den Geschäften aufhält. Zum Friseur scheint sie nur jedes halbe Jahr zu gehen. Ihre Dauerwellen sind vom vielen Waschen längst ausgegangen. Nur oberhalb der Ohren kräuseln sich noch einige wenige Locken.

Frau Riedelbauchs Gesicht weist eine leicht gerötete Hakennase auf, die darauf schließen läßt, daß sie zur Gruppe jener anonymen Alkoholikerinnen gehört, der es ein ganz bestimmter Melissengeist angetan hat. Zuerst trank sie ihn nur, um ihrer Gesundheit etwas Gutes zu tun, aber jetzt zeigt sie schon deutliche Entzugserscheinungen, wenn sie ihr Lieblingsgetränk einmal nicht bekommt. Aber der Drogist in der Neumannstraße hat vorgesorgt. Er möchte diese gute Kundin unter gar keinen Umständen verlieren, wo doch die Konkurrenz durch die Supermärkte immer größer wird.

Die Drogerie in der Neumannstraße ist es denn auch, wo sie ihren Rundgang durch die Geschäfte des Viertels beginnt. Nichts entgeht ihrem lauernden Blick. Der Drogist Waldmann muß ihr meist eine Viertelstunde Rede und Antwort stehen, wenn sie ein Fläschchen von ihrem Lebenselixier ersteht.

Frau Riedelbauch kauft nur in den kleinstmöglichen Mengen ein. Auf die Idee, einen Vorrat anzulegen, kommt sie gar nicht, denn sie braucht die Geschäfte, um wenigstens einmal am Tag unter Menschen zu kommen.

Frau Riedelbauch war nie verheiratet, obwohl sie eine gute Partie hätte machen können, wenn sie gewollt hätte. Der Drogist Waldmann kennt ihre ganze Lebensgeschichte schon in-und-auswendig. Deswegen beschränkt er sich nur auf unwesentliche Zwischenfragen, aber was macht man nicht alles, um eine gute Kundin nicht an den Supermarkt zu verlieren.

Frau Riedelbauch ist wieder einmal in ihrem Element: »Wissens, Herr Waldmann, wossimer hait nacht überlecht hou, wäi i ned schloufm hou könner?«

Der Drogist zuckt statt einer Antwort nur mit den Schultern, um ihren Redefluß nicht zu bremsen.

»Wenni domollz inn Zitzmanns Fritz gheirert hätt,

wäri etz aa scho widder allaans. Der Zitzmanns Fritz is nämli vuur zeä Johr gstorbm. Dou wohrs doch besser su, daß inn ned gheirert hou. Obwuhl: Der Zitzmanns Fritz wär scho ä goute Partie gween. Dou hätti etz ä schäine Pension, wou der sei ganz Lehm lang bei der Eisnbohn wohr.«

Der Drogist wagt eine kleine Zwischenbemerkung: »Wenni nummall aff die Welt kumm, gäihi aa zu der Bohn. Wer häit nu ä Gschäft hout, der is selber schuld.«

Aber Frau Riedelbauch hört gar nicht hin. Das Geschick anderer Leute interessiert sie nicht, so sehr ist sie in ihrem eigenen Schicksal befangen:

»Joo, joo, maaners, des is schäi, wemmer kann Menschn hout, wemmer sei ganz Lehm lang allaans is?«

Eine kleine Pause entsteht, aber der Drogist ergreift diesmal nicht die Gelegenheit, auch etwas zu sagen. Er weiß ja, was kommt.

»Schäi is wos anders! Nerja, etz moui halt schauer, wäi i drauskumm mit meiner Rentn. Viel is ja ned, obber wemmer sis ä weng eiteiln tout, nou langts scho. Blouß Oonsprüch derf mer halt kanne stelln. Wemmer Oonsprüch stelln tout, is allers aus. Schauers doch ämall die Lait oo, wos däi für Oonsprüch stelln denner. Die Lindners, mei Nachbarn, hamm neili ihr ganz Wohnzimmer aff die Straß nuntergstellt, wäi Entrümpelung wohr. Stelln sersi des blouß ämall vuur. Obwuhl des su gout wäi nei wohr, hamm sie däi ä Neis kaufm mäin, weil des alte oongeblich altmodisch wohr.«

Jetzt wagt der Drogist wieder eine Zwischenbemerkung: »Joo, joo, die Mode kost halt enn Haffn Geld. Dou moumer scho ...«

Aber Frau Riedelbauch läßt ihn nicht ausreden. Sie fällt ihm unbarmherzig ins Wort: »Und wissens, wer des schäine Wohnzimmer miitgnummer hout? Zwaa Türkn.

Iich hous genau mit eichner Aung gsäing. Iich möcht blouß wissn, wos die Türkn mit emm daitschn Wohnzimmer oofanger könner, wou däi doch blouß aff ihre Teppich rumhockn denner. Naa, des kann ned goutgäih. Des nimmt nummall ä bäis End, wenn die Lait allers wechwerfm. Iich werf ja rein gohr nix wech. Mit meim altbackner Brout fütteri immer die Entler in der Pengertz und aus meine altbackner Weckler machi Semmelbräiseler. Übrichens, dou fällt mer ei, die Lehmanns ihr Brout werd aa immer schlechter.«

Frau Riedelbauch kommt vom Hundertsten ins Tausendste. Die Bäckerei Lehmann in der Blücherstraße ist normalerweise ihre nächste Etappe bei ihrem Rundgang durch die Geschäfte des Viertels. In der Bäckerei, wo sie meist zwei Bamberger Hörnchen für ihren Nachmittagskaffee kauft, läßt sie dann kein gutes Haar an dem Drogisten Waldmann, obwohl das das junge Mädchen, das aushilfsweise im Laden verkauft, herzlich wenig interessiert: »Der Waldmann werd aa immer unverschämter. Wissens, wos der für zwaa Rolln Klopapier verlanger tout? Zwaa Mark und verzg Pfenni! Vuri Wochn houts nu ä Mark und sechserneinzg kost. Des derfs doch gohr ned gehm, daß ä Klopapier su teier is.«

Und mit diesen Worten zieht sie zwei Rollen Klopapier aus ihrer Plastiktüte und legt sie auf die Ladentheke. Der Aushilfsverkäuferin ist das sichtlich peinlich, daß zwei Rollen Klopapier auf der Ladentheke einer Bäckerei liegen und drückt sie Frau Riedelbauch ganz schnell wieder in die Hand. Die Kunden, die im Laden warten, können nicht umhin zu grinsen.

Von der Bäckerei Lehmann in der Blücherstraße führt Frau Riedelbauchs Weg kurzerhand in die Metzgerei in der Oberen Kieselberggasse. Weil es inzwischen schon auf elf Uhr zugeht, nimmt sie sich ein halbes Pfund

Schweinebauch mit, den man in Nürnberg »ä Bündle« nennt: »Iich hätt gern ä halbs Pfund Bündle, obber fei ä moochers, wenns gäiht.«

Obwohl mageres Schweinefleisch ein Widerspruch in sich selbst ist, tut die Metzgerin alles nur Erdenkliche, um Frau Riedelbauch zufrieden zu stellen. Sie weiß genau: Ein falsches Wort, und Frau Riedelbauch erzählt überall herum, daß es bei ihr nur fettes Schweinefleisch gibt. Wer über das Brot des Bäckers herzieht, macht auch vor dem Fleisch des Metzgers nicht halt.

Um die Mittagszeit haben alle Geschäfte rings um die Deutschherrnstraße von 13 bis 15 Uhr geschlossen. Das ist die schlimmste Zeit für Frau Riedelbauch. Manchmal versucht sie die zwei Stunden dadurch zu überbrücken, daß sie den Supermarkt in der Unteren Kieselberggasse aufsucht. Gegen zwei Uhr wird der Supermarkt nur von sehr wenigen Kunden frequentiert. Dann kann sie ein kleines Schwätzchen mit einer der Kassiererinnen halten, die immer für ein wenig Abwechslung in ihrem musikberieselten Einkaufsparadies zu haben sind. Eine davon ist sogar Ausländerin. Frau Riedelbauch ist deshalb gezwungen, mit ihr Hochdeutsch zu sprechen:

»Du, Türkei?«

Die Kassiererin antwortet im fließenden Hochdeutsch, ohne jeden Akzent: »Nein, ich komme aus Griechenland.«

Frau Riedelbauch muß nun demonstrieren, daß sie nicht nur über Kenntnisse im Hochdeutschen, sondern auch in der Geographie verfügt: »Griechenland, Hauptstadt Athen. Ich wissen von Kreuzworträtsel. Du verstehen Kreuzworträtsel?«

Als die Kassiererin zu erkennen gibt, daß sie deutsche Kreuzworträtsel in deutschen Zeitungen lösen kann, ist Frau Riedelbauch mehr als erstaunt.

Wenn dann eine halbe Stunde später, um drei Uhr, der Drogist Waldmann seinen Laden wieder aufmacht, kann sie gleich wieder mit einer Neuigkeit aufwarten: »Also, manche Ausländer senn fei scho in Oddnung. Im Supermarkt hockt ä Griechin an der Kasser. Däi kann fei sugohr unsre daitschn Kreizworträtsel routn.«

Herr Waldmann ist sofort entrüstet, aber nicht wegen der Ausländerin: »Wos, in Supermarkt gänger Sie, Frau Riedelbauch? Des hätti ned vo Innern denkt. Sie werrn mer doch ned aa nu untrei werrn.«

»Wos willinn denn sunst machn vo aans bis dreier, wenn die Gschäfter zouhamm? Iich hou halt schnell wos braucht!«

Der Drogist kann sich schon denken, was sie gebraucht hat! Um ihren Fauxpas wieder gutzumachen, kauft sie gleich ein Fläschchen Melissengeist mehr wie sonst. Der Drogist rät ihr zwar immer zur kostensparenden Großflasche, aber Frau Riedelbauch hat ihre kleinen Fläschchen so liebgewonnen, daß sie sich auf dieses zweifellos gutgemeinte Angebot nicht einlassen kann. Und außerdem geht es ihr auch ums Prinzip: Je weniger sie einkauft, desto häufiger muß sie die Geschäfte aufsuchen. Zu Hause würde ihr ohnehin bloß die Decke auf den Kopf fallen.

Einen weiteren Teil des Nachmittags verbringt sie in der Toto- und Lottoannahmestelle. Einmal in der Woche versucht sie ihr Glück. Hin und wieder hat sie mal einen Dreier, aber wenn Frau Riedelbauch in ihrem langen Leben etwas gelernt hat, dann ist es der Umstand, daß man die Hoffnung niemals aufgeben soll. In der Lotto- und Totoannahmestelle gibt es auch Zeitungen und Zeitschriften. Eine Tageszeitung liest Frau Riedelbauch nicht. Dafür hat sie ja ihren Fernseher, aber sie liest, mit wachsender Begeisterung, regelmäßig das »HERZ-

BLATT«, das ihr schon oft genug Gesprächsstoff bei ihrem Rundgang durch die Läden geliefert hat. Im Getränke-Diskount, wo sie sich immer kurz vor Ladenschluß einfindet, um sich zwei Flaschen Bier zum Abendessen zu holen, gibt sie dann oftmals Geschichten aus dem Leben der europäischen Fürstenhäuser zum besten, die sie aus dem »HERZBLATT« kennt: »Die Prinzessin Diana soll ja mit ihre Nervm vollkommen am Ende saa, soongs. Wenn des su weitergäiht, läßt sie däi fei aa nu vom Charles scheidn. Mir tout ja blouß dem sei Mutter leid, die Könichin Elizabeth. Des houts nämli werkli ned verdäint. Etz wou der Thronfolcher endli dou is ...«

Um achtzehn Uhr, wenn der Getränke-Diskount geschlossen wird, ist Frau Riedelbauch jedesmal die letzte im Laden. Man muß ihr förmlich die Tür vor der Nase zusperren. Nun beginnt die schlimmste Zeit für sie. Sie muß den ganzen Abend und die ganze Nacht überbrükken, bis um sechs Uhr dreißig endlich wieder die Bäckerei aufgemacht wird, wo sie sich zwei Brötchen zu ihrem Frühstück holen kann ...

Rache

Distler hatte die unangenehme Angewohnheit, mit schöner Regelmäßigkeit die Schublade zu durchwühlen, in der seine Frau ihre persönlichen Sachen aufzubewahren pflegte. Jeden zweiten Tag, wenn sie in die Badewanne stieg, um sich in einem Schaumbad aus wohltuender Kamille zu erquicken, zog ihn die Schublade unwiderstehlich an. Vor allem die Fotos hatten es ihm angetan, die sie in einer ausgedienten Pralinenschachtel sammelte. Er konnte einfach nicht anders. Immer wieder mußte er sie betrachten: Ihre Eltern, die in einer Kleinstadt an der Zonengrenze lebten und einen seltsamen Dialekt sprachen, der schon ein wenig an Sächsisch erinnerte; die Klassenfotos aus ihrer Volksschulzeit, wo sie merkwürdigerweise immer die dritte von links war, in welcher Reihe sie auch stand; das Jugendbildnis ihres Bruders in Lederhosen, der es inzwischen zu einem gut verdienenden Prokuristen in einer Kugellagerfabrik gebracht hatte. Ihn konnte er überhaupt nicht ausstehen, weil er ihn insgeheim um die Jahre beneidete, die seine Frau vor seiner Zeit mit ihm als Bruder verbracht hatte. Distler vermied es sogar, sich mit seinem Schwager zu unterhalten, wenn sie bei irgendwelchen Familienfeiern zusammenkamen. Was er auch sagte, dieser eingebildete Affe wußte immer alles besser. Dem würde das Lachen schon noch vergehen, wenn ihm eines Tages ein Computer seinen Arbeitsplatz wegnehmen würde! Er hatte nämlich irgendwo gelesen, daß es ein Computer leicht mit zehn Prokuristen aufnehmen könne. Da war er als gelernter Werkzeugmacher schon viel besser dran, denn einen Computer, der einen Schraubenzieher in die Hand nehmen konnte, gab es bisher noch nicht. Sobald er mit der eingehenden Inspektion des Schubladeninhalts fertig war, nahm er sich die schon etwas arg ramponierte Handtasche seiner Frau vor, von der sie sich aus alter Anhänglichkeit nicht trennen konnte.

Distler kannte ihren Inhalt längst in-und-auswendig. Er hätte sie sogar im Dunkeln durchwühlen können, aber es beruhigte ihn jedesmal von neuem, wenn er die vertrauten Gegenstände wieder einmal in der Hand hatte: das kleine Fläschchen Parfüm, das er ihr zum Geburtstag geschenkt hatte, den Lippenstift mit der Farbe »pink«, von dem sie sehr sparsamen Gebrauch machte, den Taschenspiegel, der schon so verschmiert war, daß man sich nicht mehr darin spiegeln konnte, und die Brieftasche aus rotem Kunstleder, die neben Führerschein und Personalausweis einen alten Zeitungsausschnitt enthielt mit einem uralten Horoskop, das sie aus völlig unerfindlichen Gründen immer noch mit sich herumschleppte.

Und dann kam noch das Wichtigste: In einer Klarsichthülle steckte sein Foto, das ihn, am Ufer des Wolfgangsees stehend, zeigte. Im Hintergrund erstreckten sich unscharfe Berge. Die Betrachtung seines eigenen Fotos war der Höhepunkt seiner Inspektion, der letzte unerlaubte Eingriff in die Privatsphäre seiner Frau, den er sich erlaubte. Dann erst bemächtigte sich seiner ein angenehmes Gefühl der Beruhigung, hatte er sich doch davon überzeugt, daß kein Grund zur Eifersucht bestand. Nun ging er zufrieden ins Badezimmer, um seiner Frau, die immer noch den Duft wohltuender Kamille einatmete, den Rücken zu waschen.

Aber vor ein paar Tagen ging er nicht ins Badezimmer. Er machte nämlich in der Kunststoffbrieftasche eine höchst merkwürdige Entdeckung, die ihn zutiefst beunruhigte. Ein kleines Foto fiel aus dem Personalausweis heraus und segelte langsam auf den Teppichboden. Er hob es auf. Es war sein bester Freund, der Weidingers Otto. Otto sah nicht gerade vorteilhaft aus. Er hatte Glubschaugen, die an einen fetten Karpfen erinnerten, und einen schiefen Mund.

Offensichtlich war die Aufnahme in einem jener Fotoautomaten gemacht worden, wo man sich in fünf Minuten vier Bilder machen lassen konnte.

Wie kam Ottos Foto in die Brieftasche seiner Frau? Er traute zwar seinem besten Freund alles mögliche zu, aber so eine Schweinerei nicht. Um keinen Verdacht zu erregen, legte er das Foto wieder fein säuberlich in den Personalausweis zurück und genehmigte sich ein Bier, als erhoffe er sich von ihm jenes Gefühl der Beruhigung, das er jedesmal verspürte, wenn er sich, am Ufer des Wolfgangsees stehend, betrachtete. Aber die Beruhigung wollte einfach nicht über ihn kommen. Er schaltete den Fernseher an, um sich von den verrückten Gedanken abzulenken, die ihm durch den Kopf schossen. Nun vermischten sich die Bilder auf der Mattscheibe mit denen in seinem Innern zu einem höchst eigentümlichen Karussell, aus dem es kein Entrinnen mehr gab. Eins stand fest: Sein bester Freund hinterging ihn mit seiner Frau. Aber wann und wo? Sollte es neulich passiert sein, als er sich die Mandeln herausnehmen hatte lassen?

Als seine Frau wenig später ins Wohnzimmer kam, ihre frischgewaschenen Haare unter einem Handtuchturban verborgen, tat er so, als ob nichts geschehen wäre, wenn es ihm auch schwerfiel. Er blieb stumm, den Blick starr auf den Fernseher gerichtet. Nach einer Weile jedoch konnte er es doch nicht lassen, seine Frau von der Seite zu mustern, als habe sie schon jenes gewisse Etwas in ihrem Blick, das man Frauen nachsagt, die ihren Männern Hörner aufsetzen. Seine Frau, der normalerweise nichts entging, merkte bald, daß sie angestarrt wurde. Sie wich seinem Blick aus und drehte ihren Kopf demonstrativ zur Seite. Aber Distler ließ nicht ab von ihr. Da platzte ihr dann doch der Kragen:

»Moußt du miich dauernd su ooglotzn? Schau läiber affn Fernseher!«

Am nächsten Tag ging er wie immer in den von einem griechischen Pächter übernommenen »Schwarzen Bären«, dessen Speisekarte eine ungewöhnliche Mischung aus griechischem Suvlaki und fränkischem Leberkäs offerierte. Im »Bären« fand sich immer jemand, der mit ihm und seinem besten Freund Otto einen Schafkopf klopfte.

Es versteht sich von selbst, daß er diesmal nicht bei der Sache war. Er spielte ganz mechanisch seine Trümpfe aus und musterte dabei Otto aus den Augenwinkeln. Das Foto aus dem Fotoautomaten war nicht einmal sehr übertrieben. Otto hatte tatsächlich eine Neigung zu Glubschaugen, die an einen fetten Karpfen erinnerten. Und sein Mund war auch ein wenig schief. Ob seine Frau gerade im Augenblick, wo er Otto betrachtete, sein Foto aus dem Personalausweis nahm, um einen Kuß darauf zu hauchen? Allein die Vorstellung erfüllte ihn mit Ekel.

Seinem besten Freund blieb nicht verborgen, daß er die ganze Zeit angestarrt wurde. Er wich so lange seinem Blick aus, bis es ihm zu dumm wurde:

»Moußt du miich dauernd su ooglotzn? Schau läiber in dei Blatt!«

Eine Woche verstrich. Distler schmiedete einen Plan nach dem andern, wie er sich an den beiden rächen könne, die ihn auf so hinterlistige Weise hintergangen haben.

Als er wieder einmal mit seiner Frau vorm Fernseher saß, brach er, entgegen seiner Gewohnheit, sein Schweigen. Er wollte seine Frau mit einer Frage überrumpeln, die schlagartig die Wahrheit ans Tageslicht bringen sollte:

»Wos hältstn eingli dou dervoo, wemmer inn Otto am Sunntooch zum Essn eiloodn?«

Doch seine Frau zeigte sich alles andere als überrascht. Sie dachte nicht daran, sich zu verraten. Außerdem hatte sein bester Freund, der Weidingers Otto, schon des öfteren bei ihnen gegessen. Man wollte dem eingefleischten Junggesellen damit etwas Gutes tun.

Otto zeigte sich ebenfalls nicht überrascht. Wahrscheinlich hatte er damit gerechnet, daß längst einmal wieder eine Einladung fällig war.

Der Sonntagsbraten war seiner Frau ausgezeichnet gelungen. Otto lobte die rohen Klöße in höchsten Tönen:

»Iich wissert ned, wenn iich ämall su goute Knidler gessn hätt!«

Distlers Frau wurde ein wenig verlegen:

»Dou is nix derbei. Knidler kann doch jeder kochn.«

»Obber solche ned!« entgegnete Otto. »Solche hout ned ämall mei Mutter zammbracht, und däi hout ned schlecht kocht.«

Um das Gespräch von den Klößen wegzubringen, goß Distler jedem ein Glas Zwetschgenschnaps ein. Man war satt, zufrieden und faul. Seine Frau wollte sich gleich an den Abwasch machen, aber Distler bat sie, noch ein wenig sitzen zu bleiben und ihm und Otto Gesellschaft zu leisten. So sehr er die beiden auch beobachtete, ihre Blikke verrieten nichts, was auf eine Gemeinsamkeit schließen lassen konnte. Distler gab sich betont redselig und ausgelassen. Er bestritt die ganze Konversation, während die beiden Ehebrecher eher stumm blieben. Nach einer Weile machte er einen Vorschlag.

»Wos halteter dou dervoo, wemmer ä weng spaziern

gänger? Ä weng Bewechung schoodert etz nix. Nach dem Essn sollst du ruhn odder tausend Schritte tun.«

Nach einigem Hin und Her brach man tatsächlich auf. Distler regte an, am Neubaugebiet vorbeizuschauen, wo eine ganz neue Siedlung aus sogenannten Stadthäusern im Entstehen begriffen war. Seine Frau war von der Idee sofort angetan, denn sie träumte schon lange von einer schönen Neubauwohnung mit eigenem Balkon. Bei soviel Begeisterung konnte sich natürlich Otto nicht ausschließen. Geduldig trottete er neben ihnen her. Vor einem vierstöckigen Haus blieb Distler stehen:

»Otto, wos hältstn dou dervoo, wemmer ämall naufgänger und die Zimmer vo inner ooschauer?«

Bevor Otto etwas antworten konnte, meldete sich schon Distlers Frau zu Wort:

»Iich kumm aa miit. Iich möchts aa säing.«

»Naa, bleib läiber, woust bist«, sagte ihr Mann, »du kannst doch mit deine Stöcklerschouh ned afferer Laddern nauf, daßd mer aa nu runterfällst!«

Sie machte aus ihrer Enttäuschung keinen Hehl. Während die beiden Männer den Neubau betraten, brummte sie ihnen noch hinterher: »Wenni des gwißt hätt, daß ihr eich ä Wohnung ooschauer wollt, hätti scho ä anders Schouhwerk oozuung.«

Es dauerte eine Weile, bis Distler und sein bester Freund den vierten Stock erreicht hatten. Distler geleitete ihn zu einer Balkonbrüstung, die gefährlich ins Freie hinausragte:

»Gell, dou hout mer ä schäine Aussicht vo dou herobm.«

»Iich waaß ned«, antwortete sein Freund, »mir wär des viel zu houch.«

Nun sagte ihm Distler unumwunden ins Gesicht, daß er ihn mit seiner Frau hintergehe. Otto leugnete. Distler bohrte weiter. Er spielte seinen letzten Trumpf aus, fragte ihn, was sein Foto in ihrem Personalausweis zu suchen habe. Otto leugnete wieder. Da packte Distler die Wut. Er ging auf ihn los, um ihn zu verprügeln, obwohl sein Freund am äußersten Rand der Balkonbrüstung stand, die in den sicheren Abgrund führte. Otto wehrte sich und klammerte sich gleichzeitig an Distler, um von der Brüstung wegzukommen, aber auf einmal bekamen beide das Übergewicht und stürzten in die Tiefe. Wenige Meter von Distlers Frau entfernt schlugen sie auf.

Das Kriegerdenkmal

Die Nachricht verbreitete sich wie ein Lauffeuer. Ganz Kirchlindelbach war auf den Beinen. Die Friedhofsgärtnerin Kunigunde Nützel hatte es nicht verhindern können: Am Vormittag war ein Lastwagen gekommen und hatte das mindestens zehn Zentner schwere Denkmal einfach abgeladen. Nun stand es auf einem Sockel zwischen zwei Zypressen. Im Hintergrund erstreckten sich die Berge in ihrem bläulichen Dunst. Vor dem Friedhof war kein Parkplatz mehr zu bekommen. Alle Kirchlindelbacher wollten das Denkmal sehen. Die Mitglieder des Kriegervereins von Kirchlindelbach, die immer »Ich hatt einen Kameraden« singen durften, wenn ein ehemaliger Weltkriegsteilnehmer zur letzten Ruhe gebettet wurde, waren wütend. Der Vorsitzende und Nebenerwerbslandwirt Schorsch Ziegler, der Zieglers Schorsch, wie man in Kirchlindelbach sagte, meldete sich als erster zu Wort:

»Des soll es Denkmool vonnerm unbekanntn Solldootn saa? Der hout ja ned ämall enn Kupf auf!«

»Wenns ner blouß des wär«, fuhr der Baumanns Korl fort, seines Zeichens ein pensionierter Eisenbahner, »obber Arm und Baa houter ja aa ned.«

Man konnte und wollte einfach nicht verstehen, daß der Bildhauer statt eines heldenhaften Kriegers einen Torso hergestellt hatte!

Noch einmal ergriff der Zieglers Schorsch das Wort:

»Däi Mißgeburt kann aff kann Fall dou stäihbleim. Des is ä Schandfleck für die ganze Gmaa.«

Man sprach immer noch von der »Gmaa«, der Gemeinde, obwohl Kirchlindelbach schon seit Jahren seine Selbständigkeit aufgegeben hatte. Kirchlindelbach war nur noch ein Ortsteil der Marktgemeinde Erlenhausen. Im Gemeinderat hatten die Erlenhausener aufgrund ihrer größeren Einwohnerzahl ganze zwei Sitze mehr. Das war ein ständiger Stachel im Fleisch der Kirchlindelbacher, die die Erlenhausener sowieso nicht leiden konnten. Von den Erlenhausenern war sogar der Vorschlag gekommen, die Kriegervereine beider Ortschaften zusammenzutun. Das war den Kirchlindelbachern dann doch zu weit gegangen. Der Kriegerverein war die letzte Bastion ihrer Selbständigkeit. Die ließen sie sich nicht auch noch nehmen.

Normalerweise wurde auf dem Friedhof aus Ehrfurcht vor den Kirchlindelbacher Toten nur gedämpft gesprochen, aber heute ging es so laut zu wie auf einer Kirchweih. Es wurde sogar laut gelacht.

Die Friedhofsgärtnerin Kunigunde Nützel, die man im Ort nur die »Leingfrau« nannte, beteuerte immer wieder, daß sie nichts dafür könne:

»Däi senn kummer und nou hamms des einfach hiigstellt. Und außerdem wohrns zu fünft, und iich wohr ganz allaans. Wos hättinn denn machn solln?«

Nach einigem Hin und Her zog sich der Kriegerverein ins »Rote Roß« zur Beratung zurück. Das Bier floß in Strömen, denn die aufgestaute Wut mußte ja irgendwie hinuntergespült werden. Das hatten die Toten beider Weltkriege nicht verdient! Der Steiners Willi, der vom Verkauf seiner Grundstücke an sogenannte Neubürger lebte, meldete sich zu Wort:

»Schuld senn ja ner blouß däi vo Erlnhausn. Wenns nach mir ganger wär, nou hätt mer enn andern Bildhauer gnummer.«

Der Steiners Willi war der einzige, der als Mitglied des Kirchlindelbacher Kriegervereins im Erlenhausener Gemeinderat saß. Vor der Gebietsreform war er Bürgermeister von Kirchlindelbach gewesen. Der Steiners Willi war in seinem Element:

»Däi hamm uns des Ganze eibrockt mit ihre zwaa Stimmer, wos mehr hamm. Dou hätt mer ja gleich enn Staabrockn ausm Staabruch vo Gräfenberch holn könner. Des wär uns viel billicher kummer. Dou sicht mer ämall widder, wäi däi in Erlnhausn unser Steiergelder zum Fenster nauswerfn.«

Der Steiners Willi machte kein Hehl daraus, daß er der größte Steuerzahler von ganz Kirchlindelbach war. Weil es langsam schon auf Mitternacht zuging, beschloß man, sich an den Erlenhausenern zu rächen.

Als der Bürgermeister von Erlenhausen, der natürlich zugleich auch Bürgermeister von Kirchlindelbach war, drei Tage später das Gemeindehaus von Erlenhausen betreten wollte, wo er seine Amtsgeschäfte verrichtete, erlebte er eine Überraschung. Vor der Amtstür stand der Torso eines unbekannten Soldaten und versperrte ihm den Weg. Eigentlich hätte der »Unbekannte« auf dem Friedhof von Kirchlindelbach stehen sollen, aber wozu hatten die Kirchlindelbacher ihren eigenen Fuhrunternehmer, den Ammanns Heiner?

Apokalypse Now

Ein Raumschiff von einem bisher noch unbekannten Planeten in der Milchstraße nahm eines Tages Kontakt mit einem jungen Volksschullehrer auf, der an einer neuen Mittelpunktschule in der näheren Umgebung von Nürnberg unterrichtete. Eine Stimme, die ganz klar und deutlich zu vernehmen war, hatte ihm verkündet, er solle sich doch auf dem schnellsten Weg nach Nürnberg begeben und alle Einwohner davor warnen, daß in vierundzwanzig Stunden eine Atombombe über der Stadt abgeworfen werde. Der Lehrer ließ sich das nicht zweimal sagen und setzte sich in den nächsten Vorortzug, der nach Nürnberg fuhr.

Am Hauptbahnhof fing er an, seine Mission zu erfüllen, wie es ihm die Stimme befohlen hatte. Der erste, den er ansprach, war ein Bundesbahnbeamter, der, im amtlichen Kursbuch blätternd und in einem gläsernen Häuschen sitzend, gerade einem Reisenden Auskunft gab.

»Sie mäin hait nu Nämberch verlassn, wenn Innern Ihr Lehm lieb is.«

»In Kassel um 14 Uhr fünf umsteigen, dann sind'S um 15 Uhr 40 in Bebra«, sagte der Bundesbahnbeamte zum Reisenden und ließ sich nicht aus der Ruhe bringen.

»Morng mittooch punkt zwölf Uhr werd Nämberch vonnerer Atombombm vernicht. Und iich mou ganz Nämberch dervuur warner!«

»Hait senn widder ämall blouß Verrückte unterwegs«, sagte der Bundesbahnbeamte zum Reisenden, der sich für die erschöpfende Auskunft bedankte, und versenkte seinen Blick wieder im amtlichen Kursbuch.

»Sie könner fei etz ned soong, daß iich Sie ned gwarnt hou. Soong Sie's weiter«, sagte der Lehrer noch und machte sich auf den Weg in die Stadt. Der Bundesbahnbeamte schaute ihm nicht einmal nach.

Am Taxistand unterhielten sich zwei Taxifahrer, auf Kundschaft wartend.

»Sie mäin hait nu Nämberch verlassn, wenn Innern Ihr Lehm lieb is.«

Die beiden Taxifahrer schauten sich entgeistert an.

»Wou hamms denn den lousgloun?«

»Über Nämberch explodiert morng punkt zwölf Uhr ä Atombombm.«

Statt zu antworten, schaute der eine bloß den andern an und sagte:

»Den fährst am bestn glei zum Bau annerzwanzg!«

Da zog der Lehrer unverrichteter Dinge von dannen. Er hörte noch, wie die beiden Taxifahrer hinter seinem Rücken lachten. Im Bau einundzwanzig des Städtischen Krankenhauses war einmal die Psychiatrie untergebracht.

In der Unterführung traf er auf einen Mann, der auf dem kalten steinigen Boden hockte und Volksmusikweisen auf einem Akkordeon spielte. Er warf eine Münze in seinen Hut und sagte sein Sprüchlein auf:

»Sie mäin hait nu Nämberch verlassn, wenn Innern Ihr Lehm lieb is.«

Der Straßenmusikant hörte nicht einmal auf zu spielen. Er sagte bloß:

»Is scho reecht!«

Nun probierte der Lehrer sein Glück in der Fußgängerzone, wo die Leute, mit Plastiktüten in der Hand, aneinander vorbeihasteten. Die meisten gingen einfach weiter, wenn er sie ansprach. Nur ein schwerhöriges altes Mütterlein blieb stehen. Sie verstand nur das Wort »Atombombe«.

»Joo, joo, die Atombombm«, sagte sie, »seits däi gibt, is mei Wohnung immer su dreckert.«

Es war gar nicht so leicht, den Befehl der Stimme auszuführen. Die Leute wollten ihm einfach nicht glauben! Seine Verzweiflung wuchs. Jede Sekunde war kostbar, denn in jeder Sekunde konnte er ein Menschenleben retten.

Da kam ihm plötzlich eine Idee. Er ging zum Hauptmarkt und betrat das Nürnberger Rathaus. Auf einer großen Tafel stand zu lesen, wo die verschiedenen Ämter untergebracht waren. Er riß mehrere Türen auf, bis er sich zum Vorzimmer des Oberbürgermeisters durchgefragt hatte. Die Vorzimmerdame, auf unerwarteten Besuch nicht gefaßt, schaute ihn mit großen Augen an.

»Bin ich hier richtig bei Herrn Oberbürgermeister Dr. Andreas Urschlechter?«

»Hamm Sie einen Termin?«

»Und ob iich enn Termin hou! Der Oberbürgermeister muß sofort ganz Nämberch evakuieren, denn morng mittooch punkt zwölf Uhr gäiht ganz Nämberch in die Luft. Dou explodiert nämli ä Atombombm, müssens wissn.«

Die Vorzimmerdame nahm den Telephonhörer in die Hand und begann zu wählen:

»Wenn Sie ned sofort verschwindn, rufi die Polizei oo!«

Da blieb dem Lehrer nichts anders übrig, als das Vorzimmer wieder zu verlassen. »Jetzt nur nicht aufgeben!« sagte er sich und ließ sich mit einem Taxi zum Verlagsgebäude der größten Zeitung Nürnbergs fahren. Er huschte ganz schnell am Pförtner vorbei, fuhr mit dem Lift in den fünften Stock hoch und klopfte an einer Tür. Diesmal blieb er hartnäckig, als ihn die Sekretärin wieder vor die Tür setzen wollte.

»Iich gäih ned äiher widder wech, bis in der Zeitung stäiht, daß morng punkt zwölf Uhr ä Atombombm über

Nämberch explodiert!« Die Sekretärin holte einen Redakteur. Der Redakteur holte einen Chefredakteur. Staunend hörten sie sich die haarsträubende Geschichte des Lehrers an. Der Chefredakteur sagte etwas zum Redakteur, was der Lehrer nicht verstehen konnte, und verließ das Zimmer. Der Redakteur ließ sich von der Sekretärin einen Block geben und machte sich Notizen.

»Bamm Oberbürchermaster wohri aa scho, obber dem sei Sekretärin hout mi ned zu imm vorglassn.«

Der Redakteur stellte einige Fragen, die der Lehrer bereitwillig beantwortete. Eine halbe Stunde verging. Da ging auf einmal die Tür auf, und zwei Männer in weißen Mänteln traten ein. Der Redakteur und die Sekretärin verließen fluchtartig den Raum. Nun ging alles furchtbar schnell. Die beiden Männer in den weißen Mänteln überwältigten den Lehrer und steckten ihn, obwohl er sich heftig wehrte, in eine Zwangsjacke.

»Laßt mi lous!« »Laßt mi lous!« »In zwölf Stundn is suweit! Warum wolltn ihr Nämbercher eich partout ned rettn loun?«

Aber die beiden Männer verzogen keine Miene.

Zwölf Stunden später konnte er nicht einmal auf seine Uhr schauen. Die hatte man ihm in der geschlossenen psychiatrischen Abteilung einfach abgenommen!

Der Feuerwehrball

Zu den schönsten Ausflugszielen am Rande der Fränkischen Schweiz gehören die beiden idyllischen Dörfer Ober- und Untermeiersbach. Das am sanft abfallenden Hang eines Berges sich nach oben erstreckende Obermeiersbach wird von der Ruine der Meiersburg überragt. Von dieser hat man einen wunderschönen Blick ins Tal, durch das sich gemächlich in vielen Windungen der Meiersbach schlängelt. In dem drei Kilometer entfernten Untermeiersbach fließt der Bach sogar mitten durchs Dorf, – vorbei an alten Fachwerkhäusern, hinter deren Mauern die Zeit noch still zu stehen scheint.

Doch der Schein trügt, denn die beiden Dörfer, die ihren Namen dem gleichen Rinnsal verdanken, sind seit undenklichen Zeiten miteinander verfeindet, wobei niemand zu erklären imstande ist, wie es eigentlich zu dieser Feindschaft gekommen ist. Nicht einmal die zahlreichen Flüchtlinge, die sich nach dem Krieg in beiden Dörfern niedergelassen haben, vermochten an dieser historisch gewachsenen Feindschaft etwas zu ändern. Im Gegenteil. Nachdem sie sich erst einmal eingelebt hatten, verwandelten sie sich alsbald in stramme Ober- oder Untermeiersbacher, welche die jeweils anderen »wie die Pest« haßten.

Die Einwohner beider Dörfer gingen einander – so gut wie irgend möglich – aus dem Wege. Wenn sie aber doch einmal zufällig aufeinanderstießen, genügte der berühmte Funke, um das Pulverfaß zum Explodieren zu bringen.

Seit einigen Jahren befinden sich die Gemeinden im offenen Kriegszustand. Schuld daran sind »die da unten in München«, denn im Zuge der Gebietsreform wurden beide Gemeinden in einer sogenannten »Verwaltungseinheit«, wie es auf gut Amtsdeutsch heißt, miteinander zwangsvereinigt. Die aus beiden Dörfern bestehende »Großgemeinde« trägt den höchst einfallsreichen Namen »Meiersbach«.

Beide Gemeinden haben jetzt nur noch einen Bürgermeister, der von den Untermeiersbachern gestellt wird, weil der im Tal liegende »Ortsteil der Großgemeinde«, wie es die neue Sprachregelung verlangt, bei den Gemeinderatswahlen über eine solide Stimmenmehrheit von zwanzig stimmberechtigten Bürgern verfügt. Der derselben Partei angehörende Gegenkandidat aus Obermeiersbach kann sich noch so anstrengen: Er muß sich mit dem zweiten Platz zufriedengeben, weil ihm ganze zwanzig Stimmen fehlen ...

Der gemeinsame Bürgermeister ist aber auch schon alles, was die beiden Gemeinden miteinander verbindet. Nach wie vor hat jeder Ortsteil seine eigene Volksschule und seinen eigenen Kindergarten. Man kann es ja Kindern aus Obermeiersbach nicht zumuten, gemeinsam mit denen aus Untermeiersbach zu spielen, und umgekehrt. Es gibt zwei Fußballvereine. Wenn sie bei einem von der Amateurliga veranstalteten Pokalturnier aneinandergeraten, wird der Fußballplatz jedesmal zum Schlachtfeld. Es gibt zwei Männergesangvereine, die, sage und schreibe nur drei Kilometer voneinander entfernt, dieselben Lieder gröhlen. Und es gibt schließlich und endlich auch noch zwei Freiwillige Feuerwehren, die sich strikt an die alten Ortsgrenzen halten, wenn es gilt, ein Feuer zu bekämpfen ...

Als vor einiger Zeit der Blitz in die Scheune eines Bauernhofes einschlug, der zum Löschbereich von Untermeiersbach gehörte, brach der Bruderkrieg zwischen den beiden Dörfern mit unverminderter Heftigkeit wieder aus.

Und das kam so: Die Obermeiersbacher waren vor den Untermeiersbachern am Brandort eingetroffen. Der Hübners Schorsch, seines Zeichens Feuerwehrkommandant von Obermeiersbach, freute sich so sehr, daß man endlich einmal die neuen Spritzen an einem geeigneten Objekt ausprobieren konnte, daß er darauf vergaß, daß man sich im Löschbereich von Untermeiersbach befand. Es hatte nämlich seit Jahren nicht mehr gebrannt, und die vierteljährlich stattfindenden Feuerwehrübungen reichten allmählich nicht mehr aus, um den Tatendrang seiner Feuerwehrmänner zu befriedigen, die schon gar nicht mehr wußten, was ein Feuer ist ...

Noch bevor die Untermeiersbacher am Brandort eintrafen, gab der Hübners Schorsch das Kommando, die Leitungen aufzubauen. Nach seiner Aussage war die unter seinem Oberbefehl stehende Feuerwehr längst einsatzbereit, als die Untermeiersbacher mit ihrem nagelneuen Feuerwehrauto am Ort des Geschehens eintrafen. Dagegen steht die Aussage vom Hofmanns Korl, dem Feuerwehrkommandanten von Untermeiersbach, der auch heute noch steif und fest behauptet, daß die ihm unterstellte Feuerwehr gleichzeitig mit den Obermeiersbachern eingetroffen sei. Da sich die brennende Scheune eindeutig im Löschbereich seiner Feuerwehr befunden habe, hätte er den Hübners Schorsch sofort zur Rede gestellt:

»Seit wenn bestimmst denn du, wenn bei uns glöscht werd? Des is unser Feier. Und dou hou iich es Kommando.«

Doch der Hübners Schorsch, glücklich darüber, daß es überhaupt brannte, hätte sich geweigert, sich und die seinen unter das Kommando von Untermeiersbach zu stellen:

»Des wermer scho säing, wer dou es Kommando hout!

Feier is Feier. Und ä Feier mou glöscht werrn. Des könner mir genausu gout wäi ihr.«

Und dann habe er ihn einfach stehengelassen und seinen Männern die Anweisung gegeben, einen Außenangriff auf das Feuer zu starten, obwohl seiner Meinung nach die Scheune nur durch einen gezielten Innenangriff zu retten gewesen wäre. Das sei ihm dann doch ein wenig zuviel gewesen, daß sich der Hübners Schorsch so aufgeführt habe »wie der Rotz am Ärmel«, wo er doch von »Tuten und Blasen« keine Ahnung gehabt habe. Deswegen habe er dem Brandleiter, dem Landwirt Obermeier, leider befehlen müssen, den Obermeiersbachern auf der Stelle das Wasser abzudrehen, weil die für dieses Feuer nicht zuständig gewesen seien. Wo käme man denn da hin, wenn jeder das Feuer des anderen lösche? Als die Obermeiersbacher plötzlich ohne Wasser dastanden, entlud sich in ihnen der ganze Haß auf die Untermeiersbacher, der sich seit der Zeit der Gebietsreform aufgestaut hatte: Sie fielen über die Untermeiersbacher her, um sie zu verprügeln, aber diese wehrten sich so heftig, daß es weder Sieger noch Besiegte gab. Während sie miteinander rauften, vergaßen sie völlig, weshalb sie eigentlich hergekommen waren: Die Scheune brannte jedenfalls bis auf die Grundmauern ab …

Es dauerte eine Zeitlang, bis der Hübners Schorsch die Niederlage seiner Truppe wieder verdaut hatte. Bei jeder nur passenden Gelegenheit verkündete er:

»Es nächste Mall loumer uns des Wasser obber nimmer oodräiher. Verlaßt eich draff!«

Aber er hatte einfach keine Gelegenheit, seine markigen Worte in die Tat umzusetzen, denn es wollte partout nicht brennen – weder in der »Großgemeinde Meiersbach« noch in den umliegenden Ortschaften.

Um seine Leute bei Laune zu halten, spendierte der Hübners Schorsch bei einer der nächsten Feuerwehrübungen einen ganzen Ster Holz, den er in Flammen aufgehen ließ. Aber was ist schon ein brennender Holzhaufen gegen ein brennendes Haus?

Allmählich ging auch in Obermeiersbach das Jahr zur Neige. Der Winter kam, in dem es sowieso niemals brannte. Jetzt hatte die Freiwillige Feuerwehr nur noch ein Ziel vor Augen: Sie mußte wie jedes Jahr den Feuerwehrball vorbereiten und organisieren. Der Hübners Schorsch setzte alles daran, daß dieser Ball der schönste und größte werden sollte, den die Obermeiersbacher je gefeiert hatten. Er fuhr eigens nach Nürnberg, um die Showband »Die drei Siggis« zu verpflichten, die, wie es ihre Unterlagen versprachen, »bekannt waren von Film, Funk und Fernsehen«.

Die Untermeiersbacher würden vor Neid erblassen, wenn sie erführen, wer in Obermeiersbach zum Tanz aufspielte. Aber die »drei Siggis« waren noch lange nicht alles. Der Hübners Schorsch griff noch einmal tief in seine Tasche und spendierte einen Preis von fünfhundert Mark für die originellste Maske. Damit alles seine Ordnung hatte, wurde eine Jury eingerichtet, der die gesamte Lehrerschaft des Ortes und die Pfarrer beider Konfessionen angehörten.

Der große Tag kam. Die Obermeiersbacher hatten sich schon etwas einfallen lassen, um an die fünfhundert Mark, die für die schönste Maske winkten, heranzukommen.

Ein Bauer erschien in einer Frankensteinmaske. Es gelang ihm sogar, den Gang seines großen Vorbilds so täuschend ähnlich nachzuahmen, daß einige der anwesenden Damen vor Angst aufkreischten. Ein anderer Bauer erschien als farbenprächtiger Indianerhäuptling. Für seinen Kopfschmuck hatten eine ganze Reihe von Hühnern ihr Leben lassen müssen. Die Frau des Indianers zeigte sich als männermordende Kleopatra mit schräg nach oben geschminkten Augenbrauen. Der Einfallsreichtum der Obermeiersbacher kannte keine Grenzen. Unter den Klängen des »Narhalla«-Marsches mußten alle Maskierten, die sich dem Wettbewerb stellen wollten, vor den strengen Augen der Jury vorbeidefilieren. Danach zog man sich zur Beratung zurück.

Um die Spannung im Saal nicht ins Unerträgliche zu steigern, forderte der Hübners Schorsch alle anwesenden Damen zur »Damenwahl« auf. Die »drei Siggis« spielten das Lied »vom toten Fiisch im Wasser«, den man »hiimachn« müsse. Nachdem die Damen, im Schutze ihrer Masken, ihre Wahl getroffen hatten, ging man zu einem langsamen Titel über, um den Pärchen die Gelegenheit zu geben, einander etwas näher zu kommen. Zu diesem Zweck wurde dann auch noch einen Augenblick lang die Saalbeleuchtung ausgeschaltet. Ein ungeheures Kreischen erhob sich, mit dem die Damen auf die Zudringlichkeiten ihrer Tänzer reagierten. Als das Licht wieder anging, wurden einige Paare immer noch dabei ertappt, wie sie sich umarmten und küßten. Obermeiersbach hatte seinen Gesprächsstoff für die nächsten vierzehn Tage, denn nichts interessiert mehr als die Tatsache, wer sich mit wem auf dem Feuerwehrball amüsiert hatte …

Die Damenwahl war kaum zuende, da zogen die »drei Siggis« mit einem Mal den ganzen Unmut der Ballgäste auf sich. Sie hatten es nämlich gewagt, die in Musikerkreisen gar nicht so unübliche Zigarettenpause von zehn Minuten anzukündigen. Daraufhin setzte ein derart ohrenbetäubendes Pfeifkonzert ein, daß die Musiker ganz schnell wieder zu ihren Instrumenten hasteten. Es blieb ihnen gerade noch Zeit, einen Schluck aus ihren stets gefüllten Maßkrügen zu nehmen, mit denen sie der Feuerwehrkommandant höchstpersönlich versorgte. Die »drei Siggis« spielten darauflos, als ginge es um ihr Leben. Den Obermeiersbachern fiel es nicht einmal auf, daß sie ihr mehr als beschränktes Repertoire schon zum drittenmal wiederholten. Hauptsache, sie legten keine Pause ein. Eine regelrechte Tanzwut war ausgebrochen, die niemand in den Obermeiersbachern vermutet hatte. Nicht einmal sie selber.

Aber nach kurzer Zeit mußten sie doch ihr Programm unterbrechen und einen Tusch spielen, denn inzwischen war die Jury wieder im Saal eingezogen und hatte vor ihnen Aufstellung genommen. Der zum Sprecher der Jurymitglieder gewählte katholische Pfarrer, ganz von seiner Wichtigkeit überzeugt, umklammerte das Mikrophon: »Wir haben uns die Entscheidung nicht leicht gemacht. Genau genommen müßten alle Masken einen Preis bekommen. Da aber nur fünfhundert Mark für die Prämierung einer Maske zur Verfügung stehen, sind wir übereingekommen, den Preis nur an eine Maske zu vergeben.«

Die feierliche Stimmung, die von der Ankündigung des Pfarrers ausging, wurde jäh von einem Tusch unterbrochen. Offenbar hatten die »drei Siggis« wieder einmal ihren Einsatz verpatzt. Der Pfarrer drehte sich verärgert nach hinten um und wiederholte noch einmal seinen letzten Satz:

»... sind wir übereingekommen, den Preis nur an eine Maske zu vergeben.«

Er machte eine kurze Pause. Die »drei Siggis« auch. Und jetzt kam der Höhepunkt des Abends:

»Den Preis für die schönste Maske erhält der »Eppelein von Gailingen.«

Die »drei Siggis« waren von ihrem Patzer noch so verdattert, daß sie ihren Einsatz versäumten. »Tusch!« zischte ihnen der Pfarrer zu. Während die »drei Siggis« endlich den entscheidenden Tusch spielten, auf den man den ganzen Abend lang gewartet hatte, ging ein Ritter in einer selbstgebastelten Rüstung scheppernd nach vorne, um den Preis entgegenzunehmen.

Auf seinem Schild stand in gotischen Lettern, die von den schon ziemlich angetrunkenen Ballbesuchern kaum mehr einer lesen konnte: Eppelein von Gailingen. Dieser Raubritter ist eine in ganz Franken immer noch beliebte Gestalt der Geschichte; hatte er es doch geschafft, die Nürnberger an der Nase herumzuführen. Der Pfarrer drückte dem stolzen Ritter einen Briefumschlag mit fünfhundert Mark in die Hand. Aller Augen waren auf den Eppelein gerichtet, der sich nun demaskieren mußte, denn so will es der Brauch. Der Ritter zog mit einem Ruck seinen blechernen Helm vom Kopf. Ein Gesicht kam zum Vorschein. Der Eppelein von Gailingen war niemand anderes als der Hofmanns Korl, der Feuerwehrkommandant von Untermeiersbach. Nun demaskierten sich auch seine Feuerwehrmänner, die den ganzen Abend gemeinsam mit den nichtsahnenden Obermeiersbachern verbracht hatten. Im Nu kam es zu der größten Rauferei, welche die an Raufereien nicht unbedingt arme Chronik beider Ortschaften je zu verzeichnen hatte.

Die »drei Siggis«, die mit dem Lied »vom toten Fiisch«, den man eigentlich »hiimachn« müsse, die Gemüter wieder besänftigen wollten, gaben nach einer Weile ihr vergebliches Unterfangen wieder auf und packten ihre Instrumente zusammen. Niemand vermißte sie, als sie den Saal verließen.

Die Kaffeefahrt

Frau Nützel wohnt ganz allein in ihrer Altbauwohnung. Zu ihren Kindern hat sie seit ihrem siebzigsten Geburtstag keinen Kontakt mehr. Sie verläßt das Haus nur sehr selten, und dann nur, um in den Geschäften in ihrer unmittelbaren Nachbarschaft einzukaufen. Dort ist sie nicht gerade beliebt, weil sie die Preise immer mit denen vor dem Krieg vergleicht. Was in der Welt vorgeht, erfährt sie aus dem Fernsehen und den Reklameblättern aus ihrem Briefkasten, die sie von A bis Z durchliest. Immer wenn eine Teilnehmerkarte für eine Kaffeefahrt dabei ist, freut sie sich. Diesmal sorgt Gerhard Wendland, von dem sie den Schlager »Das machen nur die Beine von Dolores« kennt, für das musikalische Rahmenprogramm. Außerdem sind im Fahrpreis noch 20 frische Eier, 250 Gramm deutsche Markenbutter, ein Glas echter Bienenhonig, 500 Gramm Knabbergebäck und eine Tafel Markenschokolade inbegriffen. Als sie in den Bus steigt, ist er bereits zur Hälfte mit Gleichaltrigen besetzt. Sie setzt sich neben eine ältere Dame. Der Bus fährt los. Frau Nützel möchte gerne mit ihr ins Gespräch kommen. Sie hat einen Satz, mit dem es immer klappt. »Joo, joo«, sagt sie und stößt einen tiefen Stoßseufzer aus, »es is halt allers nimmer su wäi fräiher.« Ihre Nachbarin antwortet prompt. Ein Wort gibt das andere: »Joo, joo, dou hamms reecht. Die Lait wissn ja nimmer, wos tou solln.« Frau Nützel hat sofort eine Erklärung dafür bereit: »Weils innern zu gout gäiht. Uns is ned so gout ganger. Wenn däi des durchmachn mäißertn, wos mir allers durchgmacht hamm, nou wissertns, wos tou solln.« Da kann die Nachbarin natürlich sofort nachhaken: »Und weils ned wissn, wos tou solln, gängers einfach aff die Straß und bringer die Lait um. Des houts fräiher ned gehm, daß suviel Lait umbracht worrn senn.« Nun ist das Eis endgültig gebrochen. Die beiden Damen haben keine Augen mehr für die Landschaft, die draußen vorbeizieht.

»Und wissens, wouher des kummt, daß suviel Mörder gibt«, sagt Frau Nützel, »weils däi ganze Wohr etz aa scho im Fernsäing zeing.« »Suwos ghörert verboten«, kontert ihre Nachbarin, »dou mäißertns inn ganzn Tooch blouß schäine Wohr zeing.« Wieder ist Frau Nützel am Zug. Sie braucht bloß die Frage aufzuwerfen: »Wou gibts denn haitzertooch überhapts nu ä schäiner Wohr?«, und schon haben sich die beiden Damen in ihrer pessimistischen Grundeinstellung, was das Heute anbelangt, bestätigt: »Sie derfn anns ned vergessn: Hait is ned gestern.« Sie merken gar nicht, daß der Bus schon an seinem Bestimmungsort in der Fränkischen Schweiz angelangt ist. Es bleibt ihnen gar nichts anderes übrig, als auszusteigen.

Beim Mittagessen sitzen sie nicht nebeneinander. Frau Nützel muß mit einem älteren Herrn vorliebnehmen. Wieder stößt sie ihren Stoßseufzer aus: »Joo, joo, des is halt allers nimmer su wäi fräiher.« Ihr Nachbar ißt noch ganz schnell seinen Bissen hinunter: »Dou hamms reecht. Solche Knidler houts fräiher ned gehm. Dou senn ja ned ämall richtiche Semmelbröserler drin.« Jetzt ist Frau Nützel sprichwörtlich »am Ball«: »Fräiher wohrn die Knidler su groß wäier Foußboll und hait senns su grouß wäi Taubmeier.« Wieder kann sich das Gespräch im Kreis drehen. Die Vergangenheit wird gegen die Gegenwart ausgespielt, das Thema »Knidler« ist mindestens genauso abendfüllend wie das Thema »Mord«.

Beim Kaffeetrinken sitzt Frau Nützel wieder neben einer älteren Dame. Über eine Stunde lang ist sie zum Schweigen verurteilt. Jetzt findet nämlich die im Prospekt so ganz nebenbei angekündigte Verkaufsveranstaltung für Heizdecken statt. Anschließend besingt Gerhard Wendland »die Beine der Dolores«. Es folgt langanhaltender Beifall. Endlich kann Frau Nützel, wieder mit einem Stoßseufzer, ihren Köder auswerfen:

»Joo, joo, es is halt allers nimmer su wäi fräiher.« Die Antwort kommt prompt: »Maaner Sie den Gerhard Wendland odder die Heizdeckn?« Das Gespräch kann beginnen. Das Themenangebot wird immer größer. Auf »Mord« und »Knidler« folgt der »Gesang«.

Mit 20 frischen Eiern, 250 Gramm deutscher Markenbutter, 1 Glas echtem Bienenhonig, 500 Gramm Knabbergebäck und 1 Tafel Markenschokolade tritt Frau Nützel die Heimfahrt an. Im Bus sitzt sie neben einer älteren Dame. Die Dame, mit der sie so schön über »Mord« geplaudert hat, sitzt vis-à-vis neben einem älteren Herrn. Worüber die wohl reden mögen? Frau Nützel stößt ein letztes Mal ihren Stoßseufzer aus: »Joo, joo, es is halt allers nimmer su wäi fräiher.« Sie ist schon gespannt, welchen Verlauf das Gespräch diesmal nehmen wird. Sie wartet einen Augenblick und wiederholt ihren Stoßzeufzer, um ihm mehr Nachdruck zu verleihen. Jetzt kommt endlich eine Antwort: »Hörns mer blouß mit fräiher auf! Iich kann des Wort scho gohr nimmer hörn. Iich leb hait.«

Frau Nützel bleibt während der ganzen Fahrt bis nach Nürnberg stumm, so schwer es ihr auch fällt. Sie beschließt, nie wieder auf eine Kaffeefahrt mitzufahren.

Der Überfall

Es ging alles furchtbar schnell. In Weißenbuch stürmte ein als Nikolaus verkleideter Mann in die Filiale der Kreissparkasse, in der sich gerade zwei Kunden befanden, ein Mann und eine Frau, beide um die fünfzig. Der Nikolaus zog blitzschnell eine Pistole aus seiner abgewetzten schwarzen Lederjacke, die nicht zu seiner Kostümierung paßte, und bedrohte damit den völlig verdatterten Sparkassenangestellten:

»Hopp, es Geld her, obber ä weng dalli. Iich bin der Nikolaus.«

Der Sparkassenangestellte starrte auf die Pistole wie das Kaninchen auf die Schlange, dann machte er aber doch allmählich seinen Mund auf:

»Obber des könners doch ned machn.«

»Und ob iich des machn kann«, erwiderte der Nikolaus unwirsch, »iich kann nu ganz wos andersch. Solli ämall ä weng schießn?« Die beiden Kunden schauten sich hilfesuchend an. Sie hatten beide, ohne daß sie der Nikolaus eigens dazu aufgefordert hatte, die Hände erhoben, wie sie es in unzähligen Fernsehkrimis gesehen hatten. Der Sparkassenangestellte löste sich langsam aus seiner Erstarrung. Mit zitternden Fingern öffnete er den Geldschrank und legte ein Geldbündel nach dem andern auf den Schalter. Dem Nikolaus ging das alles viel zu langsam. Er bedrohte nun auch noch die beiden Kunden: »Sie stelln sich etz dou mitm Gsicht an die Wänd, obber die Händ bleibm drobm, gell!«

Sie kamen dem Befehl auf der Stelle nach:

»Sie senn etz meine Geiseln. Sie nehmi nachert ä weng miit!«

Da faßte sich der Sparkassenangestellte ein Herz:

»Obber Sie könner doch ned einfach unschuldiche Lait miitnehmer. Nehmers miich miit! Iich mach freiwillich Ihr Geisel!«

Des war dem Nikolaus aber gar nicht recht:

»Iich nehm miit, wen iich will. Schick di läiber! Du könnerst scho längst ferti saa, wennst ned suviel redn dennerst!«

Der Sparkassenangestellte gab immer noch keine Ruhe: »Obber däi senn doch unschuldich!«

»Und du bist schuldi, wos?« gab der Bankräuber schlagfertig zurück: »Wer waaß, wäiviel Geld du scho heimlich aff die Seitn tou hast!«

»Keinen einzichn Pfennig!« rief der Sparkassenangestellte entrüstet aus. Der Nikolaus mußte lachen:

»Su bläid möcherti aa ämall saa!«

Sogar die beiden Kunden mußten lachen. Das ging dem Nikolaus aber doch ein wenig zu weit: »Sie braung gohr ned su lachn! Innern werd es Lachn scho nu vergäih, wenns derschossn werrn.« Der Sparkassenangestellte war inzwischen fertig:

»Su, des is allers. Etz könners die beidn Herrschaftn obber widder freilassn.«

Der Nikolaus stopfte das Geld in einen Müllsack, den man für zwei Mark in allen Drogerien der Stadt kaufen konnte:

»Däi nehmi miit. Des senn meine Geiseln.«

Er schulterte den Müllsack und drehte sich zu den beiden Geiseln um:

»Wer isn vo Innern mitm Auto dou? Iich hou nämli kanns.« Doch der Sparkassenangestellte drängte sich vor:

»Iich kann Sie ja aa fohrn. Ned, daß unschuldiche Lait droo glaubm mäin ...«

»Naa, iich fohr den Herrn scho«, sagte die Kundin, »mir is etz scho allers egohl, obber aa scho allers.«

Der Nikolaus verließ mit seinen beiden Geiseln die Sparkassenfiliale, immer noch die Pistole im Anschlag. Sie gingen quer über die Straße, stiegen in einen alten Volkswagen ein und fuhren los. Jetzt erst wagte der Sparkassenangestellte, der das Geschehen durch die Glastür beobachtet hatte, die Polizei anzurufen.

Die Stimmung im Volkswagen war gelöst. Der Nikolaus riß sich die Maske vom Gesicht und brach in ein befreiendes Lachen aus. Die beiden Kunden stimmten mit ein. Die Kundin steuerte den Wagen. Nachdem sie sich ein wenig beruhigt hatte, sagte sie:

»Also, daß des su einfach gäiht, des hätti mer werkli ned denkt. Etz könner mer uns scho ä weng wos aff Weihnachtn kaufm, gell Nikolaus?«

Der Nikolaus gab sich damit noch nicht zufrieden: »Bis Weihnachten is nu lang hii! Dou könner mer scho nu ä pohrmall Nikolaus spieln.«

Da machte auch endlich der schweigsame Kunde seinen Mund auf: »Mir hamm halt doch enn prima Schwiechersohn!«

»Iich laß aff meine Schwiechereltern aa nix kummer!« sagte da der junge Mann, dessen Gesicht eben noch unter einer Nikolausmaske versteckt war, und wischte sich den Schweiß von der Stirn.

Der siebzigste Geburtstag

Es hatte keinen Sinn mehr, die Augen davor zu verschließen. Die Sponsels konnten es drehen und wenden, wie sie wollten. Das große Ereignis kam unaufhaltsam näher und warf seine Schatten voraus, die von Tag zu Tag bedrohlicher wurden. Nicht einmal ein gutes Fernsehprogramm vermochte dagegen etwas auszurichten. Brütend in sich versunken, saß der Sponsels Max in seinem Fernsehsessel. Die düsteren Schatten waren ihm schwer aufs Gemüt geschlagen. Seine Frau Anna, die, auf einem Kissenlager ruhend, vom Sofa aus zuschaute, merkte sehr bald, daß ihr Mann nichts von dem wahrnahm, was sich auf dem Bildschirm abspielte. Nur das bläuliche Licht, das er im Raum verbreitete, spiegelte sich auf seinen Brillengläsern.

»Du schaust ja gohr ned zou!« sagte sie und riß ihn aus seinem dumpfen Brüten.

»Iich schau scho zou.«

»Wennst ned zouschaust, kömmern ja aa ausmachn.«

»Der werd ned ausgmacht.«

Der barsche Ton, mit dem er das gesagt hatte, verschlug ihr einen Augenblick lang die Sprache, aber dann begann sie von neuem zu bohren.

»Obber iich merks doch, daß du gohr ned zouschaust. Du glotzt ja blouß nu vuur diich hii.«

»Iich glotz ned vuur miich hii. Iich schau.«

»Nou moußt mer obber soong könner, wos der Moo grood fürern Beruf ghabt hout ...«

»Ach, loumer mein Rouh!«

»Du bist wull grantich?«

»Iich bin überhaupts ned grantich. Iich will blouß mein Rouh!« Da gab es Anna wieder auf und wandte ihre

Aufmerksamkeit Robert Lembke und seinem cleveren Rateteam zu. Ein neuer Kandidat erschien und kritzelte seinen Namen auf eine Tafel. Er nahm neben Robert Lembke Platz und bat ihn um ein rotes Schweinchen. Ein Gong ertönte, und eine Schrift leuchtete auf, die den Zuschauern seinen Beruf mitteilte. Das Rateteam begann, ihn in die Zange zu nehmen:

»Sind Sie mit der Herstellung oder Verteilung einer Ware beschäftigt?«

Der Kandidat verneinte. Robert Lembke steckte fünf Mark ins rote Schweinchen. Es dauerte gar nicht lange, und es war voll.

Anna atmete erleichtert auf. Sie freute sich jedesmal, wenn ein Kandidat ein volles Schweinchen mit nach Hause nehmen durfte. Ihr Max hatte, im Gegensatz zu den Kandidaten, die Robert Lembke in seine Sendung einlud, keinen seltenen Beruf gehabt. Fünfzig Jahre seines Lebens, wenn man den Krieg und die Gefangenschaft wegrechnete, hatte er bei der Post verbracht. Zwanzig Jahre davon als Briefträger und dreißig hinterm Schalter des Postamtes von Bruck an der Pegnitz. Als er noch ein ganz einfacher Briefträger war, hatten sie geheiratet. Erst nach dem Krieg hatte man ihn befördert. Sie war froh, als mit dem Außendienst endlich Schluß war, denn ihr Max war immer sehr eigensinnig gewesen. Selbst bei strömendem Regen weigerte er sich, einen Schirm mitzunehmen.

»Wäi schautn des aus? Ä Bräifträcher miterm Reengscherm? Dou lachn mi ja die Lait aus.«

In einer Kleinstadt wie Bruck an der Pegnitz, wo jeder jeden kannte, konnte man einfach nicht anders. Egal, was man auch tat, man mußte sich nach den Leuten richten, weil man mit ihnen ja ein Leben lang auskommen mußte. Anna hatte manchmal schon darunter gelitten. Sie wäre ganz gerne von Bruck weggezogen ins benachbarte Nürnberg, aber ihr Max, den man nur den »Posterers Max« nannte, war so im Brucker Kleinstadtleben verwurzelt, daß er gar nicht daran dachte, woanders sein Glück zu versuchen. Sein einziger Ehrgeiz war es, in Bruck einmal hinterm Schalter zu sitzen. Und das hatte er ja auch geschafft. Weil er für seine unüberbietbare Zuverlässigkeit bekannt war, hatte er es darüber hinaus noch zum Kassierer des »Männergesangvereins Harmonie e. V.« gebracht.

Obwohl sie ihm, mit dem Hinweis auf sein Alter, ständig in den Ohren lag, die Singerei nun endlich aufzugeben, ließ er es sich nicht nehmen und ging einmal die Woche in die Singstunde, um seine immer noch schöne Tenorstimme zu üben, aus der er auch mehr hätte machen können, wenn er nur gewollt hätte. Neulich erst war im Fernsehen ein singender Briefträger aufgetreten ...

Anna warf ihrem Max einen Blick zu. Noch immer brütete er vor sich hin. Eigentlich konnte er sich noch sehen lassen. Er hatte sich gut gehalten für sein Alter. Er trug noch immer volles Haar, das zwar vollkommen ergraut war, aber ihm eine solche Würde verlieh, daß man ihn auf den ersten Blick für einen Politiker hätte halten können.

»Iich und ä Politiker«, pflegte er zu sagen, wenn sie ihn darauf ansprach, »iich bin doch ka Lump!«

Was hätte ihr Max nicht alles werden können! Aber das war nun ein für allemal vorbei. In letzter Zeit sah er etwas blaß aus. Nur seine riesige Hakennase, an der einige Äderchen hervortraten, brachte ein wenig Röte in sein Gesicht.

Was der bloß heute abend hatte?

Als ein bekannter Fußballer, den Robert Lembke als Stargast eingeladen hatte, auf dem Bildschirm erschien, versuchte sie ihr Glück noch einmal, weil sie es einfach wissen wollte.

»Iich koo langsam nimmer mitooschauer, daß du blouß nu vuur diich hiiglotzt.«

»Etz gäiht des scho widder lous!« knurrte Max zurück und stemmte seine Arme gegen die Sessellehnen. Anna dachte nicht daran, sich von ihm noch einmal einschüchtern zu lassen:

»Du hast doch wos!«

»Naa.«

»Obber des sichtmer der doch oo, daßd wos hast!«

»Kannst du ned ämall enn Rouh gehm?«

»Iich geb su lang kann Rouh, bissi waaß, wost hast!«

»Dou koost lang wartn!«

»Iich hou Zeit!«

Aber jetzt platzte es doch aus Max heraus:

»Du kannst doch vo mir ned verlanger, dassi nu seelenruhich douhock und Fernseh schau, woui bis etz nanni waaß, wossi an meim Geburtstooch machn soll!«

Das war es also. Sein siebzigster Geburtstag! Sie versuchte ihn zu beruhigen:

»Obber dou hammer doch nu ä Vertljohr Zeit bis dorthii. Dou braung mer uns doch hait ohmd nu ned unsern Kupf zerbrechn.« »Ä Vertljohr is schnell rum. Eh mer si bsinner, senn widder ä pohr Wochn rum, und dann isser dou.«

»Gäih zou, dou kömmer doch morng fräih aa nu drüber redn.«

»Am Tooch hammer doch für suwos ka Zeit. Dou hast doch du dauernd wos anders zum tou.«

»Afferer Vertlstündler solls mer ned draff zammkummer. Nou kömmer allers in Ruhe besprechn.«

»Ä Vertlstündler werd dou obber ned langer. Dou braungmer scho enn ganzn Tooch derzou.«

»Wos, enn ganzn Tooch lang willst du über dein Geburtstooch redn? Enn ganzn Tooch?«

Es war ihm endlich gelungen, seine Anna, für die sein Geburtstag offensichtlich noch immer in weiter Ferne lag, aus ihrer Lethargie zu reißen. Einen Augenblick lang schaute sie ihn verständnislos an. Max nutzte die Gelegenheit, um gleich noch einmal kräftig nachzuhaken:

»Am bestn is, mir machn inn Fernseher aus und überleeng uns gleich ämall, wemmer allers eiloodn.«

Anna fühlte sich überrumpelt.

»›Was bin ich‹ is doch nanni aus.«

Max dachte nicht daran, klein beizugeben:

»Obst den Schluß etz nu sichst odder ned. Des hammer doch scho su oft gsäing.«

Anna gab schließlich nach. Sie faltete die Wolldecke zusammen, die sie sich um die Beine gewickelt hatte, um beim Fernsehen keine kalten Füßte zu bekommen, und schaltete den Apparat aus.

Eine halbe Stunde später befanden sie sich in ihren Ehebetten. Max's Nachttischlämpchen verbreitete etwas Licht. Anna, die Bettdecke bis zum Kinn hochgezogen, lag erhobenen Hauptes auf einem Kissenberg. Sie konnte nur hoch schlafen, während ihr Max ein ausgesprochener Tiefschläfer war. Am liebsten hätte er ganz auf ein Kopfkissen verzichtet, aber seine Anna bestand nun mal darauf. Sie lauschte seinen Ausführungen.

»Du waßt ja gohr ned, wäis mir vuur meim Siebzichstn grausn tout! Der Sechzigste is ja nu ganger, obber deßmall houi ä ganzer bläids Gfühl. Glabbst, daß iich miich vuur dem Tooch richtich ferchtn tou?«

Anna versuchte ihn zu trösten:

»Vuurerm Geburtstooch fercht mer si doch ned. Dou freit mer si doch.«

Aber Max ließ sich nicht beruhigen:

»Däi Zeitn senn vorbei, wou iich miich gfreit hou. Am läibsten fohrerti ganz weit wech. Am bestn dorthii, wou ann kanner kennt.«

Anna verstand ihren Max nicht mehr:

»Obber mir könner doch ned einfach fortfohrn!«

»Warum denn ned? Andre Lait machns doch aa.«

»Obber des is doch aa ka Lösung. Däi kummer doch trotzdem zu uns.«

»Wemmer fortsenn, könners doch ruhich kummer, nou is wenigstens ka Mensch derhamm.«

»Nou kummers halt, wemmer widder zrück senn. Amall mäimer ja aa widder hammfohrn.«

Max gab sich geschlagen:

»Nou bleibmer halt gleich derhamm.«

»Feiern mäimer. Dou wermer ned drumrumkummer. Es froucht si blouß, wäimer feiern und wou.«

»Wemmer scho derhamm senn, nou kömmer ja derhamm aa feiern.«

»Daß iich die ganze Sauerei hou? Suer Feier macht enn Haffn Errberrt, woumer suern Haffn Lait eiloodn mäin.«

Max seufzte. Das Gespräch war wieder zu seinem Ausgangspunkt zurückgekehrt. Es half nichts: Sein siebzigster Geburtstag stand und fiel mit den Leuten, die er einladen mußte. Er machte sich sogleich an die Aufzählung der Gäste:

»Inn Gsangverein mäimer aff jedn Fall eiloodn, weil iich aa zu jedm Geburtstooch eigloodn werr.«

»Nou is unser Wohnung ja scho vull.«

»Wenn alle kummer.«

»Däi kummer scho, wenns wos umersunst gibt.«

»Dou hast aa widder reecht. Und außerdem fällt ja mei Geburtstooch deßmall affn Pfingstmonntooch. Dou mou ja kanner in die Errberrt gäih.«

»Des aa nu!« Anna war am Boden zerstört. »Warum mounern der aa ausgrechnt affn Pfingstmonntooch falln?«

»Dou kann doch iich nix derfür, dasser deßmall affn Feiertooch falln tout. Du toust ja grood äsu, wäi wenn des mei Schuld wär.«

Nun war es auch um Annas Gemütsruhe geschehen:

»Des werd enn Haffn Geld kostn!«

Die Dinge, die auf sie zukamen, ließen sich nicht mehr aufhalten. Max fuhr unbarmherzig mit seiner Gästeliste fort:

»Und dann moui ja aa nu die ganze Post eiloodn.«

»Wos, die Post willst aa nu eiloodn, woust seit fünf Johr pensioniert bist?«

»Iich mou wenigstens däi eiloodn, wou mi nu kennt hamm, meine altn Kolleeng.«

»Wäiviel sennern des?«

»Schwer zum soong, obber mehr wäi fünf Lait gwiiß ned.«

Anna war vollkommen aus dem Häuschen:

»Des wärn ja mitm Gsangverein scho zwanzg Lait. Däi könner mer ja unmöglich dou reibringer. Und dann mäimer ja aa nu unser ganze Verwandtschaft eiloodn. Des senn bestimmt aa nummall zehn Lait.«

»Wenn alle kummer«, schränkte Max ein, aber Anna hörte gar nicht hin. Sie fuhr fort zu jammern:

»Dreißg Lait hamm bei uns kann Platz zum Essn. Wos solln si denn däi alle hiihockn? Naa, Max, du kannst etz soong, wost willst, obber mir mäin dein Geburtstooch innerm Wertshaus feiern. Wos anders kummt gohr ned in Frouch ...«

An den darauffolgenden vier Sonntagen brauchte sich Anna nicht in die Küche zu stellen. Die Sponsels aßen auswärts. In vier Gasthäusern in Bruck und Umgebung probierten sie das Geburtstagsmenü aus, das aus einer Leberknödelsuppe und einem Schweinebraten mit Knödeln bestehen sollte. In drei von den vier Wirtschaften hatten sie am Essen etwas auszusetzen. Einmal war die Leberknödelsuppe versalzen, einmal schmeckte die Soße, die man lieblos über die Schweinebratenscheibe gegossen hatte, nach Fisch, und einmal hatten die Knödel zu lange im Wasser gekocht. Anna rührte ihren Kloß nicht an.

»Des is doch ka Knidler. Des is doch ä Kartoffelbrei. Wenni mer scho ä Knidler bstell, nou möchti aa anns hoom. Dou sollert mer si direkt beschwern ...«

Aber die Sponsels beschwerten sich nicht. Wie viele andere ihrer Landsleute sprachen sie immer nur davon, daß man sich einmal beschweren müsse ...

In der vierten Gastwirtschaft fiel das Essen endlich zu ihrer vollen Zufriedenheit aus.

Anna geriet ins Schwärmen, als sie sich den dritten Bissen Fleisch in den Mund gesteckt hatte:

»Besser is mei Schweinebrootn aa ned. Und des will wos haaßn. Dou werrns vielleicht neileichtn, wemmer dou essn.«

Nach dem Essen verhandelten sie umgehend mit dem Wirt. Man war sich schnell handelseinig. Er führte sie in das nach frischem Bohnerwachs riechende Nebenzimmer, das er für sie zu reservieren gedachte. Bei der Mindestabnahme von zehn Schweinebraten versprach er ihnen sogar einen kleinen Preisnachlaß. Das an der Peripherie von Bruck an der Pegnitz gelegene Wirtshaus hieß übrigens »Zum Goldenen Schwan«.

Anna war erleichtert, als sie am Sonntag abend nach getaner Arbeit endlich auf ihrem Kissenberg ruhte:

»Etz könners vo mir aus kummer!«

Nur Max war plötzlich alles andere als erleichtert:

»Mir grausts trotzdem!«

»Wos willstn? Etz is doch allers in Oddnung.«

»Nix is inn Oddnung. Etz gäihts erscht richti lous.«

»Wos gäiht erscht richti lous? Du sprichst widder mall in Rätseln.«

Max holte tief Luft, denn ihm war auf einmal mehr als unbehaglich zumute. Ein Problem war aufgetaucht, das er in diesem frühen Stadium der Geburtstagsvorbereitungen noch mit Erfolg verdrängt hatte. Das Problem hieß Anita.

»Wos machi denn mit der Anita?«

»Däi moußt aff jedn Fall aa eiloodn.«

»Obber däi red doch scho seiterm halbm Johr nimmer mit mir. Loods halt du ei!«

»Däi moußt scho selber eiloodn. Des is ja aa dei Siebzichster und ned meiner.«

»Nou loodis halt ned ei.«

»Des kannst doch ned machn. Die Anita hout bloß ann Vatter und der werd blouß amall in seim Lehm siebzg Johr alt.«

Max blieb eine Weile stumm, aber in seinem Kopf arbeitete es fieberhaft. Er überlegte sich, wie er dieses schier unlösbare Problem lösen konnte, aber zu einem Ergebnis kam er nicht.

Anna wurde langsam ungeduldig:

»Du hast blouß eine Tochter. Wäi schautn des aus, wennst däi ned eiloodn toust? Wos maanst, wos dou die Lait derzou soong.«

Nein, das konnte er wirklich nicht machen. Da mußte er schon in den sauren Apfel beißen. Anna ließ ja auch nicht locker.

»Wos maanst«, sagte sie, »wäi sich dei Gsangverein es Maul zreißn tout, wenn dei Anita ned kummt.«

Schuld an der ganzen lästigen Angelegenheit war Anitas Mann Wolfgang, der im gleichen Nürnberger Kaufhaus, wo Anita als Sekretärin arbeitete, als Abteilungsleiter beschäftigt war. Max hatte seinen Schwiegersohn nie sonderlich gemocht. Er hielt ihn für einen widerlichen Angeber, der nur das Geldausgeben im Sinn hatte. Die Sponsels hätten so gerne einen Enkel gehabt, aber vom Kinderkriegen wollten Anita und ihr Möchtegern-Playboy von Mann überhaupt nichts wissen. Statt dessen flogen sie einmal im Jahr in der Weltgeschichte herum. Kein Urlaubsziel war ihnen zu weit. Vor zwei Jahren waren sie auf den Bahamas gewesen und vor einem Jahr auf den Malediven. Aber das war noch lange nicht alles:

Wolfgang kaufte sich jedes Jahr ein neues Auto, obwohl das alte immer noch gut genug war. Einmal hatte es sich Max nicht verkneifen können, seiner Tochter gegenüber eine kleine Bemerkung fallen zu lassen, als Wolfgang die Toilette aufsuchen mußte.

»Mou denn des saa, daß ihr eich scho widder ä neis Auto kauft habt?« fragte er sie.

Anita hatte im ersten Moment gar nichts darauf geantwortet. Max blieb nichts anderes übrig. Er mußte sie noch einmal fragen:

»Iich hou di grood wos gfroucht! Und wenn dei Vatter diich wos froung tout, nou kannstm aa ä Antwort gehm.«

Da wurde seine Tochter auf einmal ausfallend:

»Des gäiht dir überhaupt nix oo, wenn der Wolfgang sich ä neis Auto kaufm tout.«

Die Antwort seiner Tochter, die immer ein gehorsames Kind ihrer Eltern gewesen war, überraschte ihn so sehr, daß er auch ausfallend wurde:

»Des gäiht mir scho wos oo, wenn mei Tochter es Geld zum Fenster nauswerfm tout!«

Mittlerweile kam Wolfgang vom Klo zurück. Er bekam gerade noch mit, wie Anita ihren Vater anbrüllte:

»Vo dir lou iich mir nix mehr soong, des merkster. Mei Moo und iich, mir machn des, wos mir wolln. Und wenn eich des ned paßt, nou könnter ja widder gäih!«

Dieser Vorfall hatte genau vor einem halben Jahr stattgefunden. Seit dieser Zeit hatten sie keinerlei Kontakt mehr zu ihrer Tochter. Anna war der unselige Streit am Anfang schwer an die Nieren gegangen, aber mit der Zeit hatte sie sich daran gewöhnt.

Max wälzte sich unruhig im Bett hin und her. Er sah keine andere Möglichkeit, mit seiner Tochter wieder ins Reine zu kommen:

»Iich kann ned mit ihr redn – nach allerm, wos passiert is. Des moußt deßmall du machn.«

»Iich?«

»Du kannst ja aa ämall wos für dein Moo tou! Schließlich hast mer du des Ganze doch eibrockt!«

»Iich?«

Mehr als dieses Wort schien seine Frau im Augenblick nicht mehr herauszubringen.

»Du hasti doch die ganze Zeit aufgreecht, daß däi su oogehm denner. Und dann hast su lang in miich neitou, dassi der Anita ämall wos soong soll, wenn der Wolfgang ned derbei is?«

»Iich?«

»Kannst du ämall wos anders soong wäi ›iich, iich, iich!‹ Herrschaftszeitn nummal nei!«

»Etz willst wull mit mir aa nu zum Streitn oofanger, nou kannst dein Geburtstooch gleich allaans feiern!«

»Iich will ned zum Streitn oofanger. Im Geengteil: Iich will mi um des lieben Friedens willen sugohr mit meiner Tochter widder versöhner, obber des gäiht blouß, wennst mer helfm toust!«

Am nächsten Tag rief Anna ihre Tochter im Geschäft an. Sie wechselte ein paar nichtssagende Wörter mit ihr und übergab dann den Hörer an ihren Mann, der schon ungeduldig neben ihr wartete. Mit vor Angst und Aufregung zitternder Stimme stammelte er ins Telefon:

»Anita, du iich ... iich ... möcht mi bei dir und deim Moo entschuldichn ... Anner mou ja nouchgehm ... Iich will diich ... des haßt natürli eich zwaa ... zu meim Siebzichstn eiloodn ... Und iich hoff, dasser aa all zwaa kummt!«

Anna merkte, wie ihrem Mann ein Stein vom Herzen fiel, wie er den Hörer wieder auflegte.

Als sie, Stunden später, in ihren Ehebetten lagen, war Max sichtlich erleichtert.

»Etz könners vo mir aus kummer! Etz grausts mer nimmer dervuur.«

Seine Frau antwortete nicht darauf. Sie sagte nur:

»Waßt du, daß iich überhaupts nix zum Oonzäing hou, wenn suviel Lait kummer. Iich glaub, iich moumer nu wos zum Oonzäing kaufm. Und bei der Gelechenheit gräichst du aa gleich enn neier Oonzuuch.«

»Iich brauch doch kann neier Oonzuuch.«

»Naa, du moußt scho wos gleichsäing, wennst dein Siebzichstn hast!«

Am andern Tag schon fuhren die Sponsels nach Nürnberg und durchkämmten systematisch alle verfügbaren Kaufhäuser. Max bekam einen dunklen Anzug mit dazu passender Weste, obwohl er sich dagegen sträubte:

»Für wos brauch iich denn ä Westn an meim Geburtstooch? An Pfingsten is doch warm.«

Doch Anna ließ nicht locker:

»Wennst scho enn neier Oonzuuch gräichst, nou kummts aff däi Westn aa nimmer draff zamm«, und um ihrem Argument noch mehr Gewicht beizulegen, fügte sie noch hinzu: »Und außerdem hast dann immer warme Niern!«

Dagegen ließ sich natürlich kaum etwas sagen.

Kurz vor Ladenschluß konnte sich Anna endlich zu einem dunkelblauen Kleid entschließen, das sich von denen, die schon in ihrem Schrank hingen, nicht sehr viel unterschied. Aber Max enthielt sich – wieder um des lieben Friedens willen – jeden Kommentars.

Als sie kurz nach der Tagesschau völlig erschöpft in ihren Betten lagen, hörte er nicht einmal mehr, wie Anna sagte:

»Etz könners vo mir aus kummer!«

Und dann war er plötzlich da, der große Tag. Als Max kurz nach sechs aufwachte, fand er das Bett neben sich leer. Er schlüpfte in seinen Morgenmantel und suchte seine Frau. Sie stand in der Küche. Der Küchentisch war über und über mit Tellern bedeckt, auf denen sich Berge von Leberwurst-, Käse- und Schinkenbroten türmten. Anna kam auf ihren Jubilar zu, wischte sich die Hände an der Schürze ab und fiel ihm um den Hals:

»Alles Gute, mei Geburtstoochskind. Iich wünsch der, daßd hundert Johr alt werst!«

Max war überrascht. Es war schon lange her, daß ihm seine Frau derart um den Hals gefallen war.

»Su stürmisch wohrst fei scho lang nimmer!«

Aber Anna hörte das gar nicht mehr. Sie hatte sich längst ihren belegten Broten zugewandt. Die Arbeit ging ihr flink von der Hand. Im Nu hatte sie ein Brot ganz dick mit Leberwurst bestrichen und mit einer Gurkenscheibe verziert.

»Wenn bistn du aufgstandn. Iich hou di gohr ned ghört.«

»Um Vierer.«

»Um Vierer? Warum hastn ned nu zwaa Stundn geschloufm?«

»Weili nimmer schloufm hou könner!«

»Des werd die Aufrechung gwenn saa. Iich bin etz aa scho ä weng aufgreecht.«

»Es kummer ja aa ned jedn Tooch suern Haffn Lait zu uns. Iich waaß scho, warumi scho seit zwaa Stund Brote schmier.«

»Obber des senn doch viel zu viel. Wer soll denn däi allers essn?«

»Däi werrn scho gessn. Verlaß di drauf!«

»Nou hamm ja die Lait kann Hunger mehr, wemmer in »Goldner Schwon« gänger.«

»Destweeng machis ja. Nou bstelln sersi dort ned äsu viel. Und wenns dort ned su viel essn, nou braung mir ned suviel zohln.«

Gegen acht Uhr rief der erste Gratulant an. Es war Frieda, Max's Kusine. Sie sagte ab:

»Max, sei mer ned bäis, obber iich kann hait bamm bestn Willn ned kummer. Mir denner meine Baa su wäih, dassi hait in ganzn Tooch im Bett lieng bleibm mou. Feiert recht schäi! Subaldi widder laufm koo, kummi ämall vorbei!«

Von da an stand das Telefon nicht mehr still. Der evangelische Pfarrer von Bruck an der Pegnitz kündigte seinen Besuch für den späten Nachmittag an. Max versuchte ihn zu überreden, gleich in den »Schwan« zu kommen. Der für seine Kusine Frieda bestimmte Schweinebraten mußte ja auch von jemand gegessen werden, doch der Pfarrer lehnte ab:

»Ich bring nachm Gottesdienst nie was nunter!«

Ein wenig später schellte es an der Haustür. Die Nachbarin der Sponsels, eine Frau Eder, erschien mit einem Alpenveilchen in der einen und einer in Geschenkpapier eingewickelten Flasche Wein in der anderen Hand. Anna machte auf.

»Gell, ihr Moo hout doch hait sein Siebzichstn?«

Anna war überrascht. Woher wußte denn die das schon wieder? Sie schrie ihrem Mann, der sogleich in seinem neuen Anzug, aber ohne die dazugehörige, die Nieren schützende Weste, stolz wie ein Spanier anmarschierte. Anna warf ihm einen bewundernden Blick zu. Wenn das kein Geburtstagsgeschenk war! Frau Eder erkannte ihren Nachbarn kaum wieder. Erstaunt glotzte sie ihn an.

»Iich gratulier Innern zu Ihrm Siebzichstn, Herr Sponsel. Dou hamms enn Blummerstock und ä goute Flaschn Wei.«

Max bedankte sich höflich und nahm die beiden Geschenke entgegen. Das Alpenveilchen, mit dem er überhaupt nichts anfangen konnte, gab er gleich weiter an seine Frau.

»Obber des wär doch ned nötich gween, Frau Eder. Kummers halt hait nachmittooch ä weng vorbei und trinkens ä Täßler Kaffee miit!«

»Naa. Des mou ned saa. Sie werrn bestimmt enn Haffn Besuch gräing, wou doch am Samstooch in der Zeitung gstandn iss, daß Sie hait Ihrn Siebzichstn feiern.«

Max schluckte. Darum hatte also der Pfarrer schon am frühen Morgen angerufen. Jetzt wußte es bestimmt ganz Bruck. Er stellte umgehend seine Frau zur Rede, als Frau Eder wieder draußen war:

»Sooch blouß, du hast des extra in die Zeitung neisetzn loun, daß iich hait Geburtstooch hou?«

»Naa, iich wohrs ned. Des machn däi doch automootisch, wenn anner sein Siebzichstn hout.«

»Iich möcht blouß wissn, wouher däi des wissn. Suer Gemeinheit!«

»Des is scho passiert, dou kömmer etz aa nix mehr machn.«

»Obber ä Sauerei is trotzdem. Dou sollert mer si direkt ämall bei der Zeitung beschwern. Dou sollert mer einfach ...«

Aber Max kam nicht mehr dazu, seinen Satz zuende zu sprechen. Ein immer lauter anschwellender Gesang setzte auf einmal ein. Max war schlagartig gerührt. Es war sein Lieblingslied »Ännchen von Tharau«, was seine Sangesbrüder da draußen sangen. Allerdings ohne seinen Tenor. Seine Frau konnte sich aber noch nicht mit ihm mitfreuen:

»Ausgrechnt etz mäin däi scho kummer, woui nu ned ämall oozuung bin.«

Und schon verschwand sie im Schlafzimmer, um das neue dunkelblaue Kleid anzuziehen.

Max riß indessen das Wohnzimmerfenster auf und schaute, immer noch sichtlich gerührt, auf die Straße hinunter, von der seine Sangesbrüder zu ihm heraufsangen. Er ließ es sich nicht nehmen. Die letzte Strophe sang er von seinem Platz aus mit:

»Würdest du gleich einmal von mir getrennt,
lebtest da, wo man die Sonne kaum kennt:
Ich will dir folgen durch Wälder und Meer,
Eisen und Kerker und feindliches Heer.
Ännchen von Tharau, mein Licht, meine Sonn',
mein Leben schließt sich um deines herum!«

Und dann stimmten sie die deutsche Version von

»Happy Birthday« an: »Zum Geburtstag viel Glück ...«

Allmählich hing fast in jeder Wohnung jemand am Fenster und schaute hinunter. Frau Eder von vis-à-vis warf ihm anerkennende Blicke zu. Das hatte ihm gerade noch gefehlt!

Als das Geburtstagsständchen zuende war, rief er seinen Sangesbrüdern hinunter:

»Hopp, kummt rauf!«

Er schloß das Fenster und ging zur Tür. Seine Frau trat aus dem Schlafzimmer. Sie hatte ihr neues Kleid an. Max machte ihr ein Kompliment:

»Des stäihter fei!«

Aber Anna ging gar nicht darauf ein.

»Mach mer läiber inn Reißverschluß zou. Etz werrns gleich obm saa.«

Die Sangesbrüder wurden mit Zwetschgenschnaps und belegten Broten bewirtet. Anna kam mit dem Nachschenken gar nicht mehr nach. Außerdem mußte sie zu allem Überfluß auch noch aufpassen, daß ihr Max am frühen Morgen noch nicht soviel erwischte. Er hatte ja schließlich einen schweren Tag vor sich, was das viele Saufen anbelangte.

Kurze Zeit später kam eine nur aus drei Mann bestehende Abordnung der Post. Zwei ließen sich entschuldigen. Die drei Postler hatten einen riesigen Freßkorb mitgebracht. Das war nun schon der zweite, denn der Gesangverein hatte es sich nicht nehmen lassen, den Jubilar mit einem Freßkorb zu überraschen. Max machte gute Miene zum bösen Spiel:

»Etz braung mer uns heier wohrscheinli nix mehr zum Essn kaufm. Däi zwaa Freßkörb mäin bis aff Weihnachtn langer.«

Die drei Postler stürzten sich auf die belegten Brote und spülten sie mit Zwetschgenschnaps hinunter.

Die Gäste standen so dichtgedrängt, daß sie sich beinahe gegenseitig auf die Füße traten. Einige Sangesbrüder hatten es sich schon in der Küche gemütlich gemacht, wo immer noch Berge von Broten standen, die aber mit der Zeit abnahmen wie ein Abreißkalender.

Und dann traf nach und nach die liebe Verwandtschaft ein: Annas Schwester Klara mit ihrem Mann Xaver, Max' zehn Jahre jüngerer Bruder Fritz mit seiner Frau Lieselotte und, zu guter Letzt, auch noch der Besuch, vor dem Max am meisten Angst hatte, seine Tochter Anita und ihr Mann Wolfgang. Die beiden waren gestern nacht erst von einer Kurzreise nach Teneriffa zurückgekommen und sahen so braungebrannt aus, daß man auf der Stelle neidisch werden konnte.

Von Annas Schwester Klara bekam Max ein paar gefütterte Hausschuhe, die er auch im Winter tragen konnte. Von seinem Bruder bekam er eine Kiste Zigarren, obwohl er seit zwei Jahren das Rauchen aufgegeben hatte. Von seiner Tochter Anita bekam er ein so gewaltiges Blumenbukett, daß Anna Mühe hatte, es noch in der Wohnung unterzubringen. Auch Wolfgang hatte ein Geschenk dabei. Es war ein Buch: »Die Geschichte der deutschen Briefmarke«. Max bedankte sich höflich bei seinem Schwiegersohn, obgleich er sich überhaupt nicht für Briefmarken interessierte. Wenn man es ein Leben lang mit diesen Dingern zu tun gehabt hat, dann kann man sie nicht auch noch sammeln!

Gegen elf Uhr drängte Anna die Geburtstagsgesellschaft zum Aufbruch. Wolfgang ließ es sich nicht nehmen, seinen Schwiegervater mit seinem neuen Wagen zum »Goldnen Schwan« zu chauffieren. Max verkniff sich jede Bemerkung. Anna rettete die Situation, indem sie vom Wetter redete:

»Daß des hait reenger mou!«

Ihre Tochter nahm dies zum Anlaß, um gleich wieder von Teneriffa anzufangen:

»Aff Teneriffa houts ned greengt, dou hout blouß die Sunner gschiener!«

Jetzt gab auch Wolfgang noch seinen Senf dazu:

»Mer mäißert halt auswandern. In Daitschland werd es Wetter nämli nimmer anders.«

Max biß sich lieber die Zunge ab, als daß er dazu auch noch etwas sagte!

Das Mittagessen wurde ein voller Erfolg. Man lobte die Leberknödelsuppe und den Schweinebraten. Max blickte zufrieden in die Runde, da bemerkte er, daß seine Tochter und sein Schwiegersohn aus völlig unerfindlichen Gründen weit weg von ihm an der anderen Seite des Tisches saßen. Sie aßen nichts. Vor ihnen stand eine große Flasche Mineralwasser und zwei Gläser, aus denen sie immer wieder nippten. Max machte sofort seine Frau darauf aufmerksam. Sie versuchte abzuwiegeln.

»Sooch läiber nix!«

Max verstand überhaupt nichts mehr:

»Obber däi können doch an meim siebzichstn Geburtstooch ned blouß ä Minerоolwasser trinkn.«

Anna beschwichtigte ihn mit vollem Mund:

»Louß doch gäih. Däi können doch machn, wos wolln.«

Max schluckte. Sowas hatte er noch nie erlebt. Er hörte auf zu essen:

»Däi zwaa können amm werkli allers verderbm.«

Anna sagte nur: »Schau halt ned dauernd hii!« und ließ sich ihr zweites Knödel schmecken.

Max kochte vor Wut. Er wollte schon aufspringen und zu den beiden hingehen. Doch Anna erwischte ihn gerade noch am Ärmel seines neuen Anzugs und hielt ihn zurück:

»Du bleibst etz dou!« zischte sie ihm zu, daß nur er es hören konnte, »du kannst doch vuur däi Haffn Lait ned mit deiner Tochter zum Streitn oofanger.«

Max setzte sich wieder hin.

»Dou hast reecht, däi wartn ja blouß draff, daß derhamm ä weng wos zum Derzähln hamm ...«

Und dann ließ er sich von der Bedienung noch zwei Knödel bringen und fraß buchstäblich seinen ganzen Ärger in sich hinein. Seine Frau freute sich, daß es ihm an seinem Ehrentag gar so schmeckte: »Sei doch ned bläid, Max, und eß! Mir mäin ja schließlich dennern zwaa ihre Knidler aa nu miitessn, woumers scho zohlt hamm. Läiber inn Moong verrenkt, wäi im Wirt wos gschenkt.«

Im Auto jedoch, als sie Wolfgang wieder nach Hause fuhr, konnte er nicht anders. Unumwunden stellte er die beiden zur Rede:

»Warum habtn ihr kann Schweinebrotn gessn?«

Wolfgang antwortete für seine Frau:

»Mir könner doch hait kann Schweinebrotn essn, wou mer gestern praktisch erscht vo Teneriffa zrückkummer senn.«

Anna verstand das Ganze nicht:

»Obber nou hätter doch wenigstens ä Knidler essn könner. Ä Knidler mit Soß.«

Wolfgang verteidigte sich:

»Däi machn aa dick.«

Und Anita fügte erklärend hinzu:

»Immer wemmer ausm Urlaub zrückkummer, nou machmer erscht ämall enn Mineroolwassertooch, dassi der Körper widder ä weng umstelln koo.«

Max verschlug es die Sprache. Er sagte sich in Gedanken bloß noch vor:

›Nicht ärgern, nur wundern! Nicht ärgern, nur wundern!‹, ohne jemals etwas von autogenem Training gehört zu haben, aber es wirkte Wunder. Nach einiger Zeit achtete er gar nicht mehr darauf, was seine Tochter alles von Teneriffa und die damit verbundene Umstellung auf deutsche Kost erzählte. Nur Anna blieb nicht verborgen, wie sehr sich ihr Mann am Riemen reißen mußte, um nicht auf der Stelle zu explodieren. Sie bewunderte seine grenzenlose Geduld, die sie ihm gar nicht zugetraut hatte.

Die Autofahrt kam ihr unendlich lang vor. Sie atmete erleichtert auf, als sie endlich vor ihrem Haus ankamen. Vor der Haustür blieben Anita und Wolfgang stehen. Anita gab ihrem Vater die Hand.

»Du, Papa, sei mer ned bäis, obber mir zwaa mäin etz hamm in unser Bett! Teneriffa wohr ja suu oostrengend. Ade, feiert nu recht schäi!«

Max verschlug es erneut die Sprache. Statt eines Abschiedsgrußes brachte er nur »Nicht ärgern, nur wundern« über seine Lippen. Aber seiner Anna riß nun doch der Geduldsfaden:

»Des kannst doch deim Papa ned ootou! Des is ja allerhand!« Max, der über sich hinauswuchs, versuchte nun, seine Frau zu beruhigen:

»Louß doch gäih, Anna. Iich sooch blouß anns: Nicht ärgern, nur wundern!«

Da platzte Anna endgültig der Kragen: Sie schrie ihre Tochter an, obwohl Frau Eder, die Arme auf ein Kissen gestützt, wieder einmal aus dem Fenster schaute:

»Obber anns soochider, Anita, wenner etz hammgäih tät, nou brauchter nimmer kummer, nou willi eich su schnell nimmer säing!«

Das ließ sich Anita nicht zweimal sagen. Sie ging mit Wolfgang zum Auto zurück. Anna hörte gerade noch, wie Wolfgang mit der ihm eigenen Hochnäsigkeit zu ihrer Tochter sagte:

»Ich habters doch gsacht, daß besser is, wemmer gohr ned erscht herkummer, obber du hast ja unbedingt hergmäißt. Etz sichst ämall selber, wos deine Eltern für Spießer senn. Mit dennern kammer doch ka vernünftichs Wort sprechn. Obber echt!«

Schweren Herzens gingen die Sponsels wieder in ihre Wohnung hoch. Max brachte keinen Ton heraus. Er hielt sich am Treppengeländer fest und schüttelte den Kopf. Anna tröstete ihn, so gut es ging: »Du wärst doch bläid, wennster vo däi zwaa Oärschlöcher dein groußn Tooch verderbm lasserst! Etz werd erscht recht tüchti gfeiert, wenn dann die andern widder kummer.«

Max trottete hinter seiner Frau her wie ein begossener Pudel: »Iich glaub, iich hou die längste Zeit ä Tochter ghabt!«

Anna erschrak:

»Obber suwos derf mer fei ned soong!«

»Weils wohr is! Warum mounern däi as ausgrechnt anner suer bläids Mannsbild hiitappm.«

»Obber verstäih denner sersi.«

»Naa, etz is Schluß! Der Kerl kummt mer nimmer ins Haus! Su ein Sauhund!«

»Reech di doch ned su auf!«

»Des is glei widder vorbei! Etz brauchi erscht ämall enn Schnaps!«

»Iich aa. Es werd ja langsam Zeit, daß mer ämall widder aff andre Gedanken kummer.«

Als Max und Anna ihr Wohnzimmer betraten, standen sie plötzlich bis zu den Knöcheln im Wasser. Anna blickte unverzüglich zur Decke hoch. Ein riesengroßer feuchter Fleck war zu sehen, der die schöne Tapete vollkommen aufgeweicht hatte. Von dem feuchten Fleck tropfte ständig Wasser auf den Teppichboden herunter, der sich schon bis zum Geht-nicht-mehr mit Wasser vollgesaugt hatte. Max konnte nur noch eins sagen:

»Etz hammer unsern Dreck. Des is ä Wasserrohrbruch!«

Anna war ganz niedergeschlagen:

»Des aa nu, wou die Schmidts im Urlaub senn.«

Da schellte es zu allem Unglück auch noch. Max's Sangesbrüder standen wieder vor der Tür. Max machte ihnen auf. Einer von ihnen, der Wallmanns Schorsch, war Gott sei Dank ein Installateur. Ohne weitere Umschweife berichtete ihm Max, was vermutlich vorgefallen sein mußte. Schorsch versprach sofortige Abhilfe.

»Etz mäimer erscht ämall es Wasser in der Wohnung über eich oostelln und dann schaumer weiter.«

Einer von Max' Sangesbrüdern konnte nicht umhin, einen blöden Witz zu reißen:

»Sei doch frouh, dasser ä Wasser in eierm Wohnzimmer habt. Etz brauchter ned ämall mehr in Urlaub fohrn.«

Aber Max dachte nicht daran, auf diese geschmacklose Bemerkung einzugehen. Er wandte sich wieder Schorsch zu, der inzwischen seine Jacke ausgezogen und die Ärmel umgekrempelt hatte.

»Wos machmern etz blouß? Bei die Schmidts is ja kanner derhamm, weil däi im Urlaub senn.«

»Nou mäimer halt die Tür aufbrechn«, sagte Schorsch und dann forderte er alle anwesenden Sangesbrüder auf:

»Hopp, kummt ämall alle miit! Mir mäin gschwind ämall ä Tür aufbrechn!«

Der gesamte Gesangverein stürmte nach oben. Beinahe hätten die Männer Frau Eder umgerannt, die, mit einer Gießkanne in der Hand, die Treppe herunterkam.

Sie hatte soeben bei den Schmidts die Blumen gießen wollen und dabei die Bescherung entdeckt. Der Wallmanns Schorsch schaute sich den Schlamassel in der Wohnung an und drehte den Schmidts, die bei Beilngries im Altmühltal sicherlich nichts ahnend in ihrem Wohnwagen saßen und Kaffee tranken, das Wasser ab.

Mittlerweile schöpften unten bei den Sponsels die Sangesbrüder zusammen mit den inzwischen auch eingetroffenen Postlern mit vereinten Kräften das Wasser mit Hilfe von Eimern und Töpfen aus dem Wohnzimmer. Danach rollten sie den völlig unbrauchbaren Teppich zusammen und trugen ihn zu sechst, weil er immer noch so schwer war, in den Hof hinunter, wo die Mülltonnen standen.

Zwei Stunden später versammelte man sich wieder im »Goldenen Schwan«. Auf das Kaffeetrinken hatte man nach der anstrengenden Wasserschöpferei vollkommen verzichtet und war gleich zu härteren Sachen übergegangen:

Max prostete seiner Anna zu, die allmählich schon einen kleinen Schwips hatte:

»Prost, Frau, etz kummts aff däi pohr Mark aa nimmer draff zamm!« Anna ließ ihren Cognac auf der Zunge zergehen:

»Dou hast reecht! Es Beste is, mir nehmer des Ganze mit Humor!«

Max goß seiner Frau noch ein Glas ein:

»Waßt, wos mer machn, wenni mein Achtzichstn nu derleeb? Nou fohrmer fort. Nou fläing mer aa aff Teneriffa nunter, denn wos däi zwaa könner, des könner mir zwaa scho lang!«

Lebenslauf

Der Metallgießer Julian Holzmann, von allen nur »Juler« genannt, erblickte am 27. Dezember 1899, also noch ganz knapp im neunzehnten Jahrhundert, im Nürnberger Stadtteil St. Johannis das Licht der Welt, das allerdings sehr gedämpft war, denn die Holzmanns wohnten in einer von einer Linde beschatteten Hinterhauswohnung in der Johannisstraße.

»Juler« war das dritte von sieben Kindern. Der Vater Konrad stammte aus einem kleinen Dorf in der Hersbrucker Schweiz, wo er als Bauernknecht gearbeitet hatte. Die Versprechungen der in Nürnberg im Entstehen begriffenen Industrie waren jedoch so groß, daß er eines Tages seinen ganzen Kram hinschmiß, um in der Stadt sein Glück zu versuchen.

Er schlug sich mit allen möglichen Handlangerdiensten durch, bis er es 1913, kurz vor Kriegsausbruch, als Hilfsarbeiter in der Bayerischen Metallwarenfabrik zu einem Wochenlohn von 19 Reichsmark gebracht hatte. Damit konnte er mehr schlecht als recht seine neunköpfige Familie ernähren. Trotzdem ließ er es sich nicht nehmen, am Freitagabend im »Blauen Hecht« mit einem Spezereiwarenhändler und einem Eisenbahner Woche für Woche Schafkopf zu spielen. Die Maß Bier kostete 24 Pfennig und eine Schachtel »Sport«, die nur vier Zigaretten enthielt, ganze zehn Pfennig. Sie mußte schon den ganzen Abend reichen.

Weil man als Arbeiter nicht abseits stehen konnte, war Konrad Holzmann sehr früh Mitglied der Sozialdemokratischen Partei Deutschlands geworden. Außerdem gehörte er noch zwei weiteren Vereinen an. Er war aktives Mitglied im Turnverein 1860 und trat auch noch einem sogenannten »Freßverein« bei, der sich auf echt fränkisch »Die Räihköpf« nannte. Jedes Mitglied hatte sich eigens einen gipsernen Rehkopf kaufen müssen, der gewissermaßen als Mitgliedsausweis fungierte. Die Beiträge wurden bei einem entweder aus einem Gansviertel oder einem gebackenen Karpfen bestehenden Festmahl buchstäblich »verfressen«.

Der kleine »Juler« wuchs in einer Welt heran, die ausschließlich von der Arbeit geprägt war. Nur einmal im Jahr vergaß man sie, dann feierte man in Johannis die Kerwa, auf der jedes Jahr gerauft wurde – getreu dem Spruch: »Wenn ned grafft werd, dann is ka Kerwa.«

Um möglichst viele Karussellfahrten für sich und seine Geschwister herauszuschinden, schob der kleine »Juler« zusammen mit Freunden das ausschließlich von Menschenkraft angetriebene Karussell an. Selbst der Spaß war mit Arbeit verbunden, und die Not machte erfinderisch. Man mußte schon etwas nachhelfen, um das Kirchweihgeld, das sich auf – sage und schreibe – fünf Pfennige belief, ein wenig aufzubessern, zumal eine einzige Karussellfahrt schon zwei Pfennige verschlang ...

Nach der Volksschule kam »Juler« sofort in eine Lehre, wo er das angesehene Handwerk eines Metallgießers erlernte. 1917, als er siebzehn Jahre alt war, mußte er einrücken, aber vom Ersten Weltkrieg bekam er nicht mehr sehr viel mit, denn als seine Grundausbildung zuende war, war auch der Krieg vorbei.

Mit 21 Jahren trat er in die Fußstapfen seines Vaters und wurde aktives Mitglied der SPD, deren Versammlungen häufig von Darbietungen des Nürnberger Mandolinenclubs umrahmt wurden, der sich bei den Arbeitern der größten Beliebtheit erfreute. Die Versammlungen fanden in einer Gastwirtschaft statt, die den bezeichnenden Namen »Zur Grünen Flur« trug. Die Nürnberger waren seit jeher sehr naturverbunden, wenn sich ein Ausflug ins Grüne mit einem Besuch in einem Ausflugslokal verbinden ließ. Daran hat sich auch bis heute noch nichts geändert ...

Mit 34 Jahren heiratete »Juler« die in einem vornehmen Feinkostgeschäft in der Nürnberger Innenstadt als Verkäuferin arbeitende Kunigunde Walz, die ihm drei Kinder schenkte, zwei Söhne, von denen einer aus Rußland nicht zurückgekehrt ist, und eine Tochter, die als Nachzüglerin erst kurz vor Kriegsende geboren wurde.

Obwohl »Juler« in politischer Hinsicht durch und durch fortschrittlich war, war er im privaten Bereich ein nicht zu überbietender Reaktionär. Jeder mußte nach seiner Pfeife tanzen. Die Strenge, mit der er selbst erzogen wurde, gab er nahtlos an seine Kinder weiter.

Sein Sohn Willi wurde nach dem Krieg Maschinenbauingenieur. »Juler« war stolz darauf, nun einen »Gstudierten« in der Familie zu haben. Sein Vater war ja noch Hilfsarbeiter gewesen, er selbst schon Facharbeiter, aber sein Sohn war noch einen Schritt weitergekommen.

Seine Tochter Helga hatte einen amerikanischen Berufssoldaten geheiratet, mit dem sie durch die ganze Welt zog, je nachdem, wo er stationiert wurde. Obwohl »Juler« kein Wort Englisch sprach und sein amerikanischer Schwiegersohn kein Wort Deutsch, verstanden sie sich dennoch auf eine sprachlose, aber nicht minder herzliche Art und Weise.

Der größte Einschnitt in seinem Leben war der plötzliche Tod seiner Frau Kunni, die 1962 an einem Herzinfarkt verstarb. Es dauerte schon einige Jahre, bis er sich von diesem Schlag ein wenig erholte.

Die letzten Jahre seines Lebens verbrachte er im Hause seines Sohnes Willi. Man hatte ihm zwei Zimmer im Parterre gegeben, um ihn vor dem allzu mühevollen Treppensteigen zu bewahren.

Die erste Zeit legte er sehr großen Wert darauf, in Ruhe gelassen zu werden. Eigensinnig, wie er war, versorgte er sich selbst, er wollte niemandem zur Last fallen. Nach seinem siebzigsten Geburtstag entwickelte er eine hektische Aktivität. Er trat einem Pensionistenverein bei, in dem er es, aufgrund seiner Erfahrung in der SPD, bald zum Vorstand brachte. Im Pensionistenverein war es auch, wo er die zehn Jahre jüngere Frau Herrmann kennenlernte, die in den letzten zehn Jahren seines Lebens seine Freundin sein sollte. Frau Herrmann war ein spindeldürres kleines Weibchen mit seltsam wachen Augen, denen nichts entging. Am Sonntag ließ sie sich von »Juler« ständig zum Essen ausführen. Manchmal brachte sie auch Freundinnen mit. »Juler« ließ sich nicht lumpen und hielt auch sie zechfrei.

Seine Schwiegertochter merkte bald, daß es Frau Herrmann nur auf die Rente ihres Schwiegervaters abgesehen hatte, aber sie konnte mit ihm nicht darüber reden, denn jedesmal, wenn die Rede auf seine Freundin kam, ging ihr Schwiegervater sofort zu einem anderen Thema über.

Er erzählte ihr nur, daß die »Knöchler«, die er mit Frau Herrmann gegessen habe, wieder einmal »einmoolich« gewesen seien.

Seine Schwiegertochter Lieselotte, die er natürlich nur Liesel nannte, war sein wichtigster Gesprächspartner, weil sie zu den Menschen gehörte, die lieber andere reden ließen. Sie gab ihm das Gefühl, als höre sie zu, wenn sie seine beiden Zimmer saubermachte.

»Derzähl mer nix«, so pflegte er seine Geschichten zu beginnen, »derzähl mer nix, iich hou gnouch miitgmacht. Mir kann kanner mehr wos weismachn. Iich kenn es Lehm. Iich waaß, wäis aff der Welt zougäih tout.«

Er saß an seinem Küchentisch und steckte sich eine neue Zigarette an, obwohl er gerade erst eine ausgemacht hatte. Seine Schwiegertochter hatte zwar versucht ihm das Rauchen abzugewöhnen, es dann aber wieder aufgegeben. Nicht genug, daß »Juler« Kettenraucher war, er war auch ein gewaltiger Biertrinker, der es bis ins hohe Alter im Schnitt gut und gerne auf seine sieben bis acht Flaschen Bier pro Tag brachte.

Je mehr er sich den Achtzig näherte, desto mehr erzählte er von der Vergangenheit. Sein Kurzzeitgedächtnis ließ ihn immer mehr im Stich, während sein Langzeitgedächtnis sich an Einzelheiten erinnern konnte, die er mit einer sonderbaren Klarheit plötzlich vor sich sah.

Breiten Raum in seinen Erzählungen nahm vor allem die SPD ein, der er bis zu seinem Tode immerhin 60 Jahre angehört hatte. Die SPD war seine geistige Heimat gewesen. Er hatte zwar keine steile Karriere gemacht wie soviele andere Genossen, die mit ihm eingetreten waren, aber er war immerhin Kassierer im 105. Bezirk gewesen. Samstag für Samstag mußte er von Tür zu Tür gehen und mit den Genossen reden. Bei jedem winkte ein Gläschen Schnaps oder eine Flasche Bier.

Mit dem von der SPD eingeführten Lastschriftverfahren war er mehr als unzufrieden. Ständig beschwerte er sich bei seiner Schwiegertochter. Kein Kassierer kam mehr zu ihm, mit dem er über die gute alte Zeit des Kampfes reden konnte.

Als seine Schwiegertochter wieder einmal saubermachte, entdeckte sie einige SPD-Marken in einem Abfalleimer.

»Iich leech gohr kann Wert mehr aff däi Markn«, sagte

er nur. »Des is scho ä Gmeinheit. Fräiher hamms däi Markn nu persönlich vorbeibracht und etz stecken sis einfach inner Kuvert nei und fertich ... Des will ä Partei saa. Iich waaß gohr nimmer, wos in der vuurgäih tout. Iich waaß blouß, daß der Schmidt Kanzler is. Obber wenn ämall anner zu mir kummert, dem soocherti wos.«

Und dann tauchte er wieder tief in die Vergangenheit ein und erzählte wieder eine Gschichte, die seine Schwiegertochter bestimmt schon etliche Male gehört hatte:

»Des wohrn halt Zeitn. Dou hamm mir Soziooldemokrootn nu zammghaltn. Mir hamm uns scho in der Weimarer Republik von denne Nozis nix gfalln loun. Wenns enn Fackelzuuch gmacht hamm, hammer sugohr die Blummertöpf vo die Fensterbrettler runtergschmissn. Amall hamms sugohr aff miich gschossn, obber troffm hamms mi Gott sei Dank ned. Des wohrn scho elende Frecker, däi Nozis. Nerja, lang houts ja ned dauert dennern ihr Tausendjährichs Reich ...«

»Juler« kam vom Hundertsten ins Tausendste, wenn er einmal beim Erzählen war. Von den Nazis führte ein direkter Weg zum Krieg. »Houi der eingli scho ämall derzählt, wäi i eiruckn hou mäin?«

Seine Schwiegertochter schüttelte verneinend den Kopf, obwohl sie diese Geschichte längst in- und auswendig kannte.

»Mir hamm scho ä pohr Johr Gräich ghabt, dou houi enn Bräif gräicht, dassi morng ummer achter in Schwabach eiruckn mou. Am andern Tooch in der Fräih binni in Zuuch nach Schwabach eingstieng. Und wen siichi dou? Meine Regimentskameroodn ausm Erschtn Weltgräich. Des wohr vielleicht ein Hallo! Nou hammer gsacht, bis ohmds ummer achter is ja nu enn Haffm Zeit, in die Kasern gemmer etz nu ned, dou wärn mer ja bläid, etz gänger mer erscht ämall inner Wertshaus. Etz hout des annziche Wertshaus in der Näh vo der Kasern ausgrechnt Ruhetooch ghabt!

Obber wäi der Wert gmerkt hout, daß zwanzg Lait vuur seiner Tür stenner, dou häst ämall säing solln, wäi schnell der sei Wertshaus aufgmacht hout! Am andern Tooch hammer fräih ummer sechser exerziern mäin. Mir hamm uns oogstellt wäi der Hund zum Eierleeng, weil mer praktisch alle nu halmi bsuffm wohrn. Dou hout der Feldwebel vielleicht brüllt: Wos, ihr wollt Solldootn gwenn saa? Schlappschwänz wohrter. Gohr nix wohrter. Hout der vielleicht gschimpft! Obber mir hamm blouß grinst, weil mer si unsern Teil denkt hamm. Und dann kummt nu des Allerschönste! Houi der des scho derzählt, Liesel? Naa? Nerja, ä pohr Tooch später kummt der Feldwebel widder und sacht: Mir braung enn Koch. Wemmer kann Koch ned hamm, dann gräichter nix zum Fressn. Und anner vo meine Kameroodn, Heinlein houter si gschriebm, hout gleich aff miich hiidait und gsacht, dou der Holzmann, der koo gout kochn. Iich, houi gsacht, iich bin doch ka Koch, iich bin doch ä Metallgäißer. Nou hout mei Kamerood blouß draff gsacht: Herr Feldwebel, loun sersi vo dem fei blouß nix weismachn, der koo fei gout kochn. Nerja, nou binni halt in die Küchn kummer, obber ned lang.

Nacherer pohr Tooch kummt der Feldwebel widder zu mir und sacht: Holzmann, lieferns Ihre Klamottn ei. Sie mäing morng fräih mitm Bierfuhrwerk widder nach Nämberch hammfohrn. Sie werrn in Ihrer Firma dringend braucht.«

Auf diese Weise war »Juler« um den Zweiten Weltkrieg gerade noch einmal herumgekommen. Er verdankte diesen Umstand allerdings der Tatsache, daß sich sein Betrieb auf Rüstung umgestellt hatte.

Zu Weihnachten, Ostern und zu seinem Geburtstag erhielt »Juler« schöne bunte Karten aus den USA. Manchmal befanden sich auch einige Fotos im Briefumschlag. Als seine Schwiegertochter einmal wieder zur Tür hereinkam, zeigte er ihr ein Foto seines in Texas geborenen amerikanischen Enkels Jimmy. Dabei machte er ein sehr betretenes Gesicht.

»Schau ämall den Jimmy oo, Liesel. Des is doch ä Mißgeburt.« Seine Schwiegertochter warf einen Blick auf das Foto. Es zeigte einen etwa dreizehnjährigen Jungen in einer typischen Baseball-Kluft mit stark wattierten Schultern. In der Hand hielt der Junge einen Baseball-Helm.

»Maanst ned aa, daß der ä Mißgeburt is. Schau ner blouß ämall seine Schultern oo!«

Aber seine Schwiegertochter konnte ihn eines besseren belehren. »Su. Baseball sacht mer dou derzou. Des is vielleicht ein komischer Sport, wou die Sportler wäi Mißgeburtn ausschauer. Nerja, mir solls reecht saa. Wenigstens hout der Bou nix ...«

»Juler« verfügte über einen unbändigen Lebenswillen. Er dachte nicht daran aufzugeben. Wenn er mit seinen Pensionisten eine kleine Wanderung machte, marschierte er immer an der Spitze. Voller Stolz erzählte er dann immer wieder seiner Schwiegertochter:

»Also, glabsters, Liesel, däi altn Lait! Däi könner einfach ned laufm. Dou bin iich scho ä anderer Kerl.«

Dabei war er genauso alt wie die anderen, denen er davongelaufen war.

Nach seinem achtzigsten Geburtstag ging es mit ihm rapide bergab. Er konnte das Haus überhaupt nicht mehr verlassen. Frau Herrmann, die sich allzu gerne ausführen ließ, kam nur noch ganz selten bei ihm auf eine Stippvisite vorbei.

Mit der Zeit war er so entkräftet, daß er nicht einmal mehr die Kronenkorken von seinen Bierflaschen aufbrachte. Seine Schwiegertochter mußte immer gleich einige auf Vorrat aufmachen, denn auf sein Bier konnte und wollte er bis zuletzt nicht verzichten.

Er starb 1982. Sein Todeskampf dauerte nicht sehr lange. Seine Schwiegertochter rief Frau Herrmann an und fragte sie, ob sie ihn noch einmal sehen wolle, aber »Julers« Freundin hatte für 16 Mark 60 eine Kaffeefahrt gebucht und war unabkömmlich. Während sie in der Fränkischen Schweiz Kaffee trank, schlief ihr Freund ganz sanft ein.

Zwei Tage später stand sie, mit einem Kranz in der Hand, vor der Tür. »Julers« Schwiegertochter machte ihr auf.

»Dou houi enn Kranz für Ihrn Schwiechervatter. Wenn is denn die Beerdichung?«

»Es gibt ka Berdichung.«

»Des gibts doch ned, daß ka Beerdichung gibt. Jeder Mensch mou doch beerdicht werrn.«

»Mei Schwiechervatter ned.«

»Obber wenner scho ned beerdicht werd, dann werder doch wenigstens eigäschert werrn?«

»Naa, der werd aa ned eigäschert. Der hout sei Leich testamentoorisch scho vor Johrn der Anatomie vermacht.«

»Dou houter mir obber nie wos dervoo derzählt.«

Frau Herrmann war schwer enttäuscht, daß man sie um den Leichenschmaus gebracht hatte.

»Sie hamm grood gsacht, dasser ä Testament hinterlassn hout«, fragte sie ganz zaghaft.

»Viel is ned, wosser hinterlassn hout. Des gäiht allers an uns.«

Da wurde Frau Herrmanns Enttäuschung gleich noch größer. Sie wollte schon unverrichteterdinge wieder abziehen und den Kranz wieder mitnehmen, da sagte »Julers« Schwiegertochter noch zu ihr:

»Wenns wolln, könners obber die ganze Wohr hoom, wou nu im Keller druntn is.«

Das ließ sich Frau Herrmann nicht zweimal sagen. Mit drei Plastiktüten voller Konserven schwer beladen, stieg sie in ein Taxi, obwohl sie sonst immer zu Fuß ging. Den Kranz hatte sie im Keller zurückgelassen.

Ein paar Tage später rief sie bei der Schwiegertochter an, um sich noch einmal für die Konserven zu bedanken.

»Stelln sersi blouß vuur, Frau Holzmann, wäi i hait mittooch ä Dosn Gulasch vo Ihrm Schwiechervatter aufgmacht hou, dou schellt doch aff amall es Telefon. Iich gäih hii, stolper und gäiß mer des ganze Gulasch über mei Kleid.«

Damit war ihr der Leichenschmaus endgültig verdorben. Die anderen Konserven rührte sie so schnell nicht an.

Inhalt

Zahn um Zahn 7
Das Guinness-Fieber 10
Das Endspiel 17
Die Entziehung 21
Die Macht der Gewohnheit 27
Die neue Lehrerin 31
Nachbarn 41
Tierliebe 45
Der Papagei 48
Im Affenhaus 60
Der Müll 62
Das Haus 65
Frau Riedelbauch 72
Rache 79
Das Kriegerdenkmal 86
Apokalypse Now 89
Der Feuerwehrball 93
Die Kaffeefahrt 101
Der Überfall 104
Der siebzigste Geburtstag 107
Lebenslauf 131